脱コスパ病

さらば、自損型輸入

小島尚貴
Naotaka Kojima

育鵬社

まえがき

二〇二一年に上梓《じょうし》した前作『コスパ病～貿易の現場から見えてきた「無視されてきた事実」～』（Kindle Direct Publishing）には、全国各地の様々な分野、業界の読者から、私の想像を上回る多くの反響が寄せられました。どの反響も、私が行った問題提起と解決策の提言に対する共感、支持、理解の声で、私は「こんなにも多くの人たちが自分と同じ憂いと願いを抱いていたのか」と感じては、本業の貿易業務の傍ら、書籍発刊という決断をして本当によかったと思いました。

世界約四十ヵ国を輸出事業で訪問し、九州各地の農家、企業、職人、行政機関、経済団体と協力して日本製品の海外販路開拓に打ち込み、各地の郷土史と産業構造を学んできて見えてきた、わが国特有のきわめて深刻な輸入手法「自損型輸入」。そして、それを通じてわが国のあらゆる地域と業界に溢れかえる低価格の輸入品。

それらの商品の安さの理由と、それらが国産品に匹敵する品質、機能性を備えるに至った経緯を知らないわが国の消費者は、それらを「コスパ（コスト・パフォーマンス）がいい」と歓迎し、目先の低価格に踊らされて、この三十年間、徹底的に「国産品の不買運動」に熱狂してきました。そして、それらの原産国である中国や東南アジア諸国に実質的な「海外送金」を行うことで、日本国内に落ちて循環するお金を減らし続け、日本経済に強固なデフレ構造を根付かせてしまいました。

あらゆる分野であらゆる世代の日本人が、自国にお金が落ちない消費に熱狂し、その結果、年々ますます貧しくなっていくのに、そうなるほど、さらにコスパ商品を買い漁る現代日本のこの異常な消費活動を、私は「コスパ病」と名付けました。そして、一般国民が知ることのない、それらの商品が海外で企画、開発、製造される現場に隠されてきた事実を、貿易業務での体験談と様々な現場の実例を通じて読者に紹介し、自損型輸入が日本経済にもたらす影響への問題提起を行って、抜本的な解決策を提示しました。

ジャーナリストや学者ではない貿易現場の実務家が、産業界やマスコミでは口にしにくい問題の口火を切ったことに対する反響と支持も日に日に高まり、私は大手雑誌やメディアの取材を受け、政治家の方々とも会って、現在は輸出業の合間に前作を活用したセミナーや勉強会などの啓蒙活動も行っています。そして、様々な企業、団体、消費者の反応に接するなかで、自損型輸入とコスパ病という問題が、貿易と経済の分野だけで対処するにはあまりに大きく、そして根深いことを再確認させられました。

書き下ろしの新刊書でありながら、前作の続編としての性格も持つ本書では、自損型輸入とコスパ病がもたらす諸問題を抜本的に解決し、単に日本経済が失ったものを取り戻すための提案だけではなく、わが国が真に強く、優しく、豊かな国になる道程を模索するため、私が長年、この異常な長期不況の根本原因だと見なしてきた文化、歴史、思想、教育といった分野に潜む問題も取り扱いました。

そのため、前作を読まれた方は、貿易マンである私がそうした分野の話題に言及することに新鮮さや意外さを感じるかもしれませんが、むしろ私は若い頃から歴史、古典、文化、宗教、芸術、伝統工芸に自分なりの関心を抱きながら働いてきたため、本業である貿易の分野でも、現代日本特有の思想傾向が私たち日本人の消費行動や経済活動に顕在化して発生した問題を提起できたと考えています。

なお、本書で初めて自損型輸入とコスパ病という言葉に触れる方も、言葉と問題の概要を正確に理解できるよう、前作の内容とは重ならない形で必要な記述を行いました。しかし、自損型輸入が生まれた背景や、それがわが国の経済を侵食し始めた歴史と事例を知りたい方は、前作も併せて読まれることをお勧めします。

本書の発刊に際しては、育鵬社の槇保則様に企画段階よりお世話になりました。また、地方の一介の貿易マンが現場体験を元に書いた小さな本に過ぎなかった前作に対し、丁寧な書評を『明日への選択』に書いてくださることで、本書発刊のきっかけを作ってくださった日本政策研究センターの伊藤哲夫代表と、伊藤代表に前作をご紹介くださった公益社団法人・国民文化研究会の小柳志乃夫理事長にも心より感謝申し上げます。

令和五年六月二十六日

小島尚貴

脱コスパ病

〜さらば、自損型輸入〜

目次

第二章

ハイテク化する自損型輸入

第三章

令和によみがえった「満蒙開拓団」

第2部 コスパ病を生んだ日本経済の病理

第四章 コスパ病と「タイパ病」

第五章 なぜ日本企業は自損型輸入に走るのか

第3部 「消費者主導の地産地消」が拓く未来

第十章 未曾有の逆境こそチャンス

第十一章

「日本的職業観」に立ち返ろう

装幀――村橋雅之

序章

輸出で接する日本企業の質的な変化

私は故郷の福岡を拠点に、主に九州の会社の商品を輸出する事業を十年以上行っています。「輸出を通じてふるさとを活性化させたい」と望む日本企業が外貨を稼ぐためには、海外向けの商品企画、翻訳や動画制作などの輸出資料整備、検査証明や実証実験データ等の準備、輸出先での認証や許認可の取得、国際物流や輸出入通関への対応といった作業が必要です。

私の仕事は語学力、貿易実務知識、海外交渉能力、海外バイヤー人脈を駆使して各国の市場を開拓し、海外展開に必要な業務を担当することで、輸出手続きや外国語に不慣れな小さな会社が安心して生産、製造に打ち込めるお手伝いをすることです。この本業に加えて、私はいくつかの自治体、経済団体、政府機関の貿易アドバイザー、展示会のコーディネーター、ビジネス通訳も務め、経済低迷に悩む地域の方々と連携しながら、多くの輸出セミナーの講師を務めてきました。

地方の小さな会社は生産力が限られており、初回取引から大型コンテナで海外出荷を行うことは難しく、少量出荷で利益を出すには、緻密なコスト計算と販売計画が必要です。そのため、こうした仕事に従事していると、為替や原油はもちろんのこと、国際輸送費、関税、通関費、認証取得費、検査費、現地での販売諸経費のように、消費者の立場では考える機会が少ない種々のコストに詳しくなり、おのずと値段というものの内訳、根拠、背景に敏感になりました。

また、輸出先の国々には、平均所得、物価水準、経済構造、消費動向、法律、税制が日本とは異なる国もあります。なかには治安が悪い国、盗難が多発する国、貨物の取扱いが手荒な国、政情が不安定な国、物流インフラが未整備の国もあり、経営者、政治家、公務員が賄賂で動く国もあります。

そのため、輸出を始める前から失敗経験者の話やインターネットで極端な情報に接してしまい、輸出を「チャンスは大きいけどリスクも大きい、一か八かのギャンブル的な事業」と不安視して、尻込みする中小企業も少なくありません。

そうした背景もあって、以前は輸出を希望する日本企業は「国内である程度のことはやったから、次は海外に挑戦したい」と、自社なりの準備を整えた後、満を持して私に相談に来る会社が多かったものです。

ところが、ここ十年ほどは様相が変わってきました。私に「どこかの国で売れませんか」と相談が持ち込まれる商品を手に取ると、言っては失礼ですが、海外に売り込むには平凡すぎて特徴がない商品、国内でも売れていなさそうな商品、途上国でも現地調達できそうな商品、海外では他国製のもっと安くて高品質の類似品が存在している商品が年々増えている気がするのです。そんな商品が、国内取引よりも複雑で難しい手続きと余計なコストを要する海外市場に挑戦しても、残念ながら、現地のバイヤーや消費者が購入する可能性はありません。

「海外は、新婚旅行で行って以来、二、三十年行っていません」、「テレビでドバイの富裕層が日本食に大金を払う姿を見て、私たちも海外の富裕層に売りたいと思いました」と言う経営者に海外市場の現実を率直に伝え、その落胆する姿を見つめる日々を過ごしているうちに、私の胸の中にはある疑問が生じてきました。

日本特有の奇妙な輸入形態への疑問

「それにしても、なぜ野菜、漬物、缶詰、家具、眼鏡、衣料品、生活雑貨、木工品、陶磁器のように、元々は各地で生産、製造、供給されてきた品目ばかりに、輸出相談が集中するのか」

こんな疑問を抱いた私は、福岡、佐賀、大分、熊本、長崎の企業から輸出相談が持ち込まれた品目について状況を調査してみようと思い、各品目の生産量と出荷金額の統計を収集して、いくつかの自治体の農林水産、産業振興、輸出促進関係の部署を訪問しました。また、各地の税関が発表する品目別、港湾別、対象国別の荷揚げ量、輸入金額、輸入量の推移を調べ、それらの数値を各地の品目の生産量、出荷量、出荷金額と比較してみました。すると、全ての品目に「低価格の輸入品の輸入量が増え始めた二、三年後から、各地の品目の生産量と出荷金額が減少し始めた」という傾向が共通している事実が見えてきました。

消費の現場でも状況を確かめようと思った私は、各地のスーパーや販売店に足を運び、品目別の売り場で様々な商品を手に取って製造者、輸入者、販売者を調べ、特に衰退が深刻な品目に関しては学術論文を集め、経済の低迷が続く地域では自治体の議事録も入手し、地元の大学、商工会議所、調査機関が刊行した特定の品目の資料も収集しました。

こうして、貿易業務の合間を縫って数年間、個人的に続けた一連の調査活動から見えてきたのは、私に輸出相談が持ち込まれた商品、つまり、各地の生産者やメーカーが「地元や国内で売れずに困っているから、海外で売れないだろうか」と頭を抱えている品目が、次の三つの共通点を備えた品目に集中していたという事実でした。

一、国内ですでに市場が確立され、ユーザー・消費者の嗜好《しこう》や許容する価格帯が知られている

二、長く地元の農家や企業が生産、製造、供給を担ってきた

三、製造工程が標準化され、海外製造を行う際の障壁が低い

例えば、太宰府の特産品である「梅の実ひじき」という加工食品と極めて類似した品目を福岡の大手スーパー数店舗で調べたところ、ほぼ同じ容量ながら価格は約半額、梅とひじきは中国産で、輸入者は福岡の会社です。大牟田《おおむた》の特産品である高菜と酷似し、袋の文字も和風のフォントで、外見だけだと「田舎の郷土料理の伝統食材」という雰囲気を醸し出すほぼ同じ容量の高菜も、やはり原料は中国産で、輸入者は福岡の会社です。

また、福岡では誰もが知る定食屋チェーン「やよい軒」で無料提供されている漬物も、主原料である大根、白菜、きゅうりはほとんど中国産です。吉野家の牛丼の横に置かれている無料の紅しょうがも、言うまでもなく中国産です。梅、海藻、野菜、根菜は全て日本で生産してきた自給可能な品目ですが、そうした品目ほど、多くの中国産、東南アジア産が溢れています。

その他にも、九州各地のスーパーで国産品より低価格で販売されているワカサギの加工品、魚の練り物、佃煮やおでんの具材、タケノコ、にんにくも全て同じで、私がこれらの輸入販売業者の調達ルートを調査し、中国の生産拠点や物流ルートを調べたところ、ほぼ全ての原料が中国の山東省で栽培、製造され、博多港で荷揚げされた後、九州全土に流通していることが分かりました。

そして、この構造と手法は一次産業の品目のみならず、家具、衣料品、雑貨、陶磁器、木工品、食器、金属製品、眼鏡、光学機器、電子部品、小型の家電製品といった軽工業品にもぴったりと当てはまっていました。

私が驚いたのは、品目の共通点以上に、地元の売場の棚から地元の商品を駆逐《くちく》した安価な輸入品が、次の条件を備えていた事実です。

一、これらの品目は、日本人が海外で企画、開発している
二、これらの品目は、人件費と製造コストが日本より低い国で作られている
三、海外での製造に必要な技術、設備、資金は、日本人が提供した
四、これらの品目の製法、レシピ、品質管理方法は、日本人が教えた
五、これらの品目の税関での荷揚げ価格は、国産品が決して及ばないほど低価格である
六、これらの安価な品目が稼ぎ出す利益は、地元の農家、メーカーが得る利益より大きい
七、これらの品目の日本国内の営業、販売を行ったのは、日本人である

平成初期のバブル経済の崩壊以降、わが国ではずっと「輸入デフレ」、「産業の空洞化」、「安価な海外製品の流入」といった言葉が経済ニュースで使用されてきました。

しかし私は、これらの言葉にずっと不満を抱いてきました。なぜなら、これらの言葉を何度も見聞きしたところで、知りたい事実と対策は見えてこないからです。また、これらの言葉は経済現象を淡々と描写しているだけで、その状況が自然発生的に生まれたかのようにも聞こ

え、「誰が、なぜ、どう」という行為の主体や動機、目的、対象が判然としないからです。

こうした言葉に物足りなさを感じながら、私が自分の業務の範囲で数年かけて調べて見えてきた地方経済の現実は、前作でも詳述したように、他人事のような無機質な言葉で片付けられるほど生易しいものではありませんでした。

私が国内外の貿易経験から直感し、統計や論文で裏付けを集め、産地や業界の現実の中に飛び込んで働いてきた結果、確信を持って到達した結論は、「私たち日本人がバブル崩壊以降、政府、政党、政治家、霞が関、アメリカ、中国、グローバル化など、あらゆる対象に原因と責任を求めてきた日本経済の不振と低迷をもたらしたのは、ほかならぬ日本企業と私たち消費者だった」という、認めたくない事実でした。

この事実を前提とすると、前述の三つの言葉の裏に隠れていた主語と目的語が姿を現します。すなわち、輸入デフレとは「日本人の輸入業者が意図的に生み出した値下げ圧力による国内企業の売価、売上、賃金の下落によるデフレ」という意味です。産業の空洞化とは「日本人の輸入業者によって駆逐された国内の生産・製造拠点の消滅がもたらした産地と業界の縮小」という意味です。そして、安価な海外製品の流入とは、中国や東南アジアの企業が低価格を武器に日本市場参入を図った結果ではなく、「日本人の輸入業者が海外生産で獲得した低価格を武器に流し込んだ、激安輸入品の津波による経済的災害」という意味となります。

こうして、事実と歴史的背景に基づく主語、目的語を適切に補うことで、初めて事の真相が判明し、この種の輸入が持つ構造、目的、性質、影響、そして解決策が見えてきました。

ところが、私がこのような状況に疑問を抱いて仮説を立て始め、問題の原因と解決策を模索し始めた頃は、まだ、この種の輸入を理解し、説明するのに適した用語が存在しませんでした。

また、経済学者、ジャーナリスト、行政職員の方々も、国際取引の現場や貿易実務を知っているわけではないので、なんとなく状況を説明でき、視聴者や消費者もそう言えば納得してくれる気がするそれらの言葉に頼ることで、日本経済の現状を説明し、解釈した気になっていたのかもしれません。

「自損型輸入」という言葉を考案

私が日本経済の何に対して問題意識を抱き、本業とは畑違いの書籍発刊という行動を起こすに至ったのかを語るため、輸入という行為について簡単に説明します。

まず、一般的な輸入とは、例えば「オランダで食べたチーズが美味しかったから、日本に輸入する」という形で、ある国に以前から流通している品目を日本に輸入して販売する行為を指します。その国なりの特徴を持つ品目の貿易は古くから世界中で行われ、輸出国と輸入国双方に利益と交流機会をもたらしてきました。この最も一般的な種類の輸入を「通常輸入」と呼ぶことにしましょう。

また、輸入には「開発輸入」と呼ばれるものもあります。これは、例えば「ブルネイに天然ガス田があるが、ブルネイには開発資金と掘削《くっさく》技術がないので、天然ガスを産出しないが技術と資金を持つ日本が支援して、日本が必要とする天然ガスを輸入する」という手法を通じて、「日本では生産、製造できない品目を日本の技術供与や資金提供によって輸出品目に育て上げ、その取引を通じて両国の問題解決を図る」という輸入です。この開発輸入が生まれた背景については、前作で解説しました。

ところが、私が疑問を抱き、調べた結果見えてきた「もう一つの輸入」は、通常輸入、開発輸入と比較すると、その目的、構造、性質、結果において全ての要素が異なっていました。この奇妙な輸入は、通常輸入と開発輸入が持たない次の性質を備えています。

一、「輸出国で流通していない品目」が、日本だけに向けて輸入されている
二、輸入品目には、「輸出国の文化や歴史を反映した要素」がない
三、「日本各地で生産、製造してきた衣食住分野の品目」ばかりが輸入されている
四、輸入品目の製造工程と流通過程には、「途上国支援」と呼べる要素がない
五、輸入品目の国内荷揚げ価格は、通常輸入、開発輸入の品目よりはるかに低い
六、輸入品目の外見や形状は、日本で生産、製造、販売されてきた品目と酷似している
七、輸入品目は、その低価格により、国内の多くの産地と業界を疲弊させてきた

これらの性質を頭に入れて、私たちの日常の経済活動を眺めてみれば、「日本人がこの種の輸入を通じて流入した商品を買えば買うほど、日本のお金が海外に流出していく。その結果、日本にお金が落ちず、循環しなくなって、消費者も貧しくなっていく」という結果を招くことが分かります。

衣食住という、国民の日常的な消費の大半が集中する分野の生産活動が安売りを武器とする日本人の輸入販売業者によって海外で行われ、その商品を日本で何千万人という消費者が「コスパ最強」、「プチプラ歓迎」と熱狂的に買い漁るわけですから、この消費活動は実質的に「日本人による日本製品不買運動」とも呼ぶべき異常事態です。

この種の輸入の被害を実感しやすい事例を一つ挙げます。

私は三年前から、岐阜県の美濃《みの》焼の食器を東南アジアに輸出しています。私は陶磁器の輸出経験は多いものの、美濃焼の取扱いは初めてだったため、海外のお客様に産地、製法の魅力を説明するための情報収集の一環として、岐阜の窯元、問屋、友人、行政職員に美濃焼の歴史や現状を聞いてみました。すると、私を待っていたのは、九州で何度も聞いてきたのと同じ話でした。

岐阜県産業経済振興センター刊行の資料『陶磁器産業』（令和元年度）によると、美濃焼の出荷金額は一九九一年に二三一五億円を記録し、その二十五年後の二〇一七年には六五九億円へと、約七十二パーセントも下落しています。また、事業所数は一一一二社から三〇九社と、こちらも同じ期間に約七十二パーセント減少しています。この期間に市場を席巻したのは、同じ岐阜県に本社を置くセリア、そしてダイソー、ニトリが日本で人気の国産陶磁器を模倣し、中国で安く作って輸入販売した低品質の類似品でした。

例えば、美濃焼の窯元が「一個五百円の湯飲み」を作り、その小売り利益が仮に二百円だとします。ところが、ここに外観が酷似した和製メイドインチャイナの湯飲みが「一個百円（利益四十円と仮定）」で参入して消費者の支持を集めると、美濃焼の窯元は大幅な値下げに踏み切らなければ廃業の危機に直面します。結果的に一個三百円に値下げし、利益を五十円に減らして月に百個売れたとしても、販売店が得る利益はたったの五千円です。いっぽう、百円の輸入品は月に一万個も売れるので、利益は四十万円です。

このように、この種の輸入を通じて国内に氾濫した安価な類似品は、産地や業界の経済活動という「全体」に打撃を与えて経済規模を縮小させながら、「部分」としての自社の利益だけは増加するという、全体と部分の奇妙な反比例現象を生じさせます。

日本経済が元気だった頃の業界内競争も熾烈《しれつ》なものでしたが、当時の競争では自動車や家電の業界で新商品や新技術が開発されると、それが業界全体に刺激をもたらして各社が活気付き、業界の成長と業界内の企業の成長は正比例して、全体の経済規模も拡大したものです。

ところが、この種の輸入販売業者が低価格を武器に仕掛ける日本人同士の経済内戦は、「業界全体と輸入販売業者の成長が反比例する」という異質な結果をもたらす点が最大の特徴です。美濃焼全体の出荷金額が七割も縮小し、産地で廃業、倒産が続出した期間に、同じ岐阜県にあるセリア一社の売上が爆発的に増加した事実を見れば、誰もが「反比例」の意味を理解できるはずです。

こうした輸入販売業者の商品を購入することは「日本人消費者による対中国献金活動」であり、日本経済を潤すことはありません。安さに慣れた消費者は国産品を「高い」と言って買わなくなっていきますから、日本に落ちるお金はますます減っていき、全国各地で売上低迷に苦しむ企業が続出します。私がこの構造を「日本人による日本製品不買運動」と呼ぶ理由が理解できるでしょう。

私たちは、かつて中国や韓国で発生した反日デモ、日本製品不買運動に怒りを感じたものですが、実は当の私たち日本人こそ、「打倒日本」、「反日」を叫んだ中国人や韓国人よりももっと長い期間にわたって、もっと執拗《しつよう》で徹底的で大規模な国産品ボイコット運動に熱中してきたのです。ところが、この「無視されてきた事実」に対して怒る日本人はいないどころか、マスコミも消費者もこぞって「国産品への集団リンチ」を行い続けています。

歴史教育の分野では、「自虐史観」という言葉への賛否が長年、議論の的となってきましたが、学校の歴史の勉強より何百倍も多くの人々が毎日行う買い物で「自虐消費」という言葉を聞くことはありません。日本経済の生命線と呼ばれる貿易の分野で「自虐貿易」という言葉を聞くこともありません。政治、外交、国防分野の議論では長年「平和ボケ」という言葉が使われてきたのに、そうした硬派な話題よりはるかに多くの人々になじみがあり、誰もが日常的に関心を抱く買い物において、「コスパボケ」という言葉を耳にすることもありません。

この自滅的なメカニズムと、低価格を礼賛する群集的な消費者心理が見直されなければ、日本経済が活力を失うのに反比例して、この種の輸入販売業者の市場支配力はさらに強まり、最後はかつての陸軍のように誰も制止できないほどの巨大な力を持つことは、誰もが想像できる単純な結末です。今や、わが国の消費トレンドに強い影響力を行使できるようになった彼らにとっては、デフレこそ歓迎すべき経営環境であり、日本人が貧乏になっていくほど自社商品への依存度が高まるため、商売に有利なのです。

現在の日本では、国産企業が良い製品を適正価格で製造、販売しても、すぐに輸入業者が海外で安価な模倣品を作って安売りを始めるので、国産企業も値下げを迫られます。だから、いつまでたっても売価、売上、賃金が低く固定され続け、結果的に企業も個人も安物に頼って存続、生存を図るほかなくなるという悪循環が、三十年近く、惰性的に続いています。

ところがわが国の消費者は、自分を限りなく貧乏に、そして不幸にしていく商品を「コスパ最強」と歓迎し、ユーチューブやＳＮＳで連日、情報を拡散し、購入し続けています。そして、消費者が求める安さを実現するため、安さに屈した企業が続々と日本の貴重な財産である技術、設備、機械、ノウハウを海外に持ち込んで、日本市場でのシェア争いと価格競争に明け暮れ、業界と産地全体を経済的自殺の道連れに巻き込んできました。

私は、日本特有のこの病的な貿易構造と消費活動に警鐘を鳴らすため、前作を『コスパ病〜貿易の現場から見えてきた「無視されてきた事実」〜』と名付け、そして、このように結果的に自国に損失を与え、日本の衰退につながる輸入を正確に認識し、理解するため、通常輸入、開発輸入とは区別して「自損型輸入」と名付けました。

同胞意識が豊かで優しく強い経済を作る

「自国に背を向け、産地や業界でともに切磋琢磨《せっさたくま》してきた仲間を苦しめ、自損型輸入で利益を追求しても良心が痛まず、自社、自分をそうした行動に駆り立てるコスパ病への感染を自覚できない根本的な原因は、一体、どこにあるのか」

長年の実務経験と思索、勉強を経て私が到達したのは、「その病根は、私たち日本人の同胞意識の喪失にある」という結論です。同胞意識とは、閉鎖的な島国根性ではなく、排他的なナショナリズムでもなく、懐古的なセンチメンタリズムでもない、自分が生まれ育った国や町の産物、偉人、歴史に誇りと愛情を持ち、それを生み出した過去に感謝し、それに親しめる現在を楽しみ、それを未来に残して伝えようという、温かい情緒と責任感に支えられた一体感だと言い換えてもよいでしょう。

ですから、同胞意識を持つ消費者は故郷や祖国の産物に対して、単なる消費者以上の「愛用者」になれますし、愛用者が生まれる経済は豊かで優しく、強いものです。

私はここ数年、長崎の波佐見焼《はさみ》のコーヒー関連製品を数ヵ国に輸出しています。昨年、この製品を提案したイタリアの会社から「日本ではコーヒーといえばスターバックスが人気のようだが、スターバックスなんてダサい」、「あなたが提案してくれた日本の製品も面白いが、我々のエスプレッソには勝てない」と言われ、悔しさを感じる前に「あっぱれ。これこそ、まともな文化感覚というものだ」と敬意を抱きました。

イタリア人は、コーヒーの苦みが引き立つエスプレッソが大好きで、エスプレッソを飲んだら数分でスタンドカフェを出ていきます。少容量のデミタスカップに高圧の蒸気で濃いコーヒーを淹《い》れ、立ったまま飲んだら、少しだけ話をして店を出る。一連の動作は、イタリア人の飲食行為という以上にライフスタイルであり、今も息づく文化です。

そして、スターバックスがイタリアのコーヒー文化への憧れから生まれた「新参者の巨大チェーン」だと知っている以上、イタリア人は「ようこそ、スターバックスさん。イタリアで良いお客に鍛えてもらって、コーヒーのクオリティを高めてくださいね」と言いながら、自分たちは馴染みの個人経営のカフェに通い続けています。話が短時間で済むのは、マスターや他の客との間に「こいつとは昔からの顔なじみ」という、イタリア版の同胞意識に支えられた結びつきがあるからです。

こう考えてみると、歴史や文化を学ぶ手段は、学校で習ったり、難しい本を読んだり、文化セミナーを受講したりすることだけではないことが分かります。いや、むしろ、故郷の伝統的なものを伝統に即した形で味わい、買い、使い、親しむ行為そのものが、時には勉強よりも本質的な文化体験であり、文化継承活動なのだと考えることもできます。

豆を挽《ひ》き、コーヒーを淹《い》れ、口にするまでに使われる全ての器具、道具、技、作法、言葉も同じく、おいしいコーヒーに欠かせない文化の構成要素です。ですから、ビアレッティなどの抽出器具やマグカップ、陶磁器は、生きた歴史の教材なのです。

わが国は長らくアジアの文化大国として尊敬され、産業、芸術、仕事、日常生活の様々な分野で日本的な思想と哲学を追求して生まれた数々の文物は、多くの外国人を魅了し、わが国への興味と憧れを生み出してきました。ドイツの文豪ゲーテが、「最も民族的なものこそ、最も国際的である」と言ったように、歴史と文化に支えられたモノこそが、真に唯一無二と呼べる風格を帯びるのであり、そうしたモノこそ時代や国境を超越する普遍性を備えています。

わが国にも、独自の素晴らしい文化がたくさんあります。まず、私たちが自国の文物の魅力や価値に気付いてこそ、他国の素晴らしい文物に気付き、値段を確かめることなく驚き、感動し、敬意を払うことができます。「バブル崩壊後に私たち日本国民、消費者がコスパ病に集団感染し、私たちが破壊してしまった日本の経済と文化を、私たちのそれぞれの故郷で、愛情と誇りを持ちながら、買い物を通じて少しずつ復活させていこう」。それが、私が前作で届けたメッセージでした。

そうした経過を踏まえて、本書では、前作で割愛した貿易分野の新しい話題、前作への反響に接して取り扱おうと決めた話題、そして貿易以外の文化、歴史、教育、思想に関する話題も取り扱うことにしました。

一国の経済活動において大企業、マスコミ、政府よりもはるかに強い影響力を持つ消費者。全国民が毎日行う「買い物という国づくり運動」で、男性よりも強い購入決定権を持つ女性。大人が忘れてしまった大切なことに鋭く気付き、率直な言葉で大人の偽善と不作為を打ち破ってくれ、大人を勇気付けてくれる若者。前作に対して、わが国の世論形成に強い影響力を持つ、この三つの分野の方々から理解と支持を得られたことで、私は自説への確信と啓蒙活動への責任感を深めることができました。

本書では、前作を通じて出会った方々のお仕事ぶりや表情を思い浮かべながら、確信と希望を込めて、読者の方々とともに豊かで強く、優しい未来の日本の姿を探っていきたいと思います。

第1部

止まらない「国産品不買運動」

第一章　サービス業にも感染拡大するコスパ病

自損型輸入は新たなステージへ

正しい理想は現実の直視から生まれるものです。私たちが豊かな日本経済を再建したいと願うなら、まず過去と現在の問題を正確に知り、厳しい状況を見つめて、強く明るい態度で悲観に打ち克《か》っていかなければなりません。

前作で説明したように、自損型輸入商品を支持してきた日本人消費者は、これらの商品を取り扱う業者が運営する店舗の創業理念や経営方針への賛同から購入しているのではなく、単に「安くて機能性も高い」というコスパのみを購入動機としています。

「安ければ、どこの誰が作っているかなんて、どうでもいい」と考えるコスパ病に感染し、作り手や売り手の働きの価値が見えなくなった消費者が商品や店を探す第一条件は「どこが一番安いか」で、第二条件は期間限定の特典や割引、クーポン、送料その他の無料サービスの有無です。要は「とにかく、自分の支出を最大限減らすこと」が目的で、最低限の支出で求める機能や効用を得られれば、その他の要素は関係ないのです。

地元のスーパーよりも業務スーパーのほうが安くて量が多く、質も悪くないと考えた消費者は、安さで業務スーパーに集まります。国産の服よりもユニクロやGUのほうが安くて質も良く、デザインも悪くないと考えた消費者も、同様の判断を行います。ダイソー、ニトリ、ワークマン、アイリスオーヤマ、オンデーズ、西松屋などについても同じです。

このように、農林水産業と製造業で国内の多くの産地を衰退させてきたのと同じリスクが、近年のＩＴの発達により、労働集約型の業務よりも労働の代替性が低いとされてきたサービス業と知的労働の分野でも発生しつつあります。そして、この新種の自損型輸入は中国や東南アジアだけでなく、インド、バングラデシュといった南アジアの国々とも関わる形で、これまで存在しなかった形の値下げ圧力をわが国に及ぼしつつあります。

そのため、一次産業、二次産業に話題を絞った前作とは異なり、本章では新たな視点を加え、サービス業の分野における四つの事例を見ていきます。自損型輸入は、第三次産業であるサービス業で、どのように日本経済に影響を与えるのでしょうか。そして、私たちはそれに対してどう警戒し、どう対処したらいいのでしょうか。

コスパ重視で信用を失ったIT企業

一つ目の事例は、プログラミングのサービスに関するものです。ITとパソコンの発達で、今では一定の目的や内容を備えた情報の集合体「コンテンツ」が誰でも、どこでも作れるようになり、大容量のデータでも短時間のうちに世界中で送受信できる時代になりました。

プログラム、システム、ソフトウェア、アプリ、ゲームといったデジタルコンテンツの工場はパソコンで、今やIT業界はアパレル業界よりも規格や働き方が国際的に標準化されています。そのため、デジタルコンテンツの設計、編集、加工を担う「知的製造業」も、国境を超えてアウトソーシングされるようになりました。つまり、前作で詳説したSPA（製造小売業）のように、製造拠点が「人件費の低さ」を求めて海外に移転、流出しやすくなりました。

この前提を踏まえて紹介する事例は、すでにみなさんの身近な場所でも起きていることだと思いますが、今後さらに増えてくると見込まれるので、代表的な事例を一つだけ紹介します。

私の知人は、九州のある電算システム開発会社に勤めています。一昨年、大手企業からシステムを受注し、タイトな納期と高水準の品質を守るため、業務を信頼できる下請けのシステム設計会社に発注しました。その設計会社は、優れたプログラマーを擁する経験豊富な会社です。しかし、近年はシステムの価格競争が激化し、ソフトウェアやアプリの開発現場にもAIが導入されて省力化が進んできたため、数年前からコストダウン目的でインドのプログラミング会社に外注を行い始めたとのことでした。

ビジネスの特定のプロセスを集約させて外注する手法は「ＢＰＯ（ビジネスプロセスアウトソーシング）」と呼ばれ、ＢＰＯが外国に委託される場合は、金融業界の用語を借用して「オフショア（海外）ＢＰＯ」、「オフショア開発」と呼ばれています。米国企業がコールセンターをフィリピンに開設したり、日本企業が修理センターをマレーシアに開設したりすることがその事例ですが、近年は大容量データ通信やビデオ会議ソフト、システム開発環境の充実等によって、電話代行や修理作業よりも高付加価値のシステム開発業務が、自損型輸入の領域に加えられつつあります。

「日本企業が日本国内での事業に用いるシステムの設計を、人件費が低い国に発注し、日本国内での競合他社に対する価格競争力の獲得と向上を目指す」というモデルを見て、私は「ついにＩＴ業界のビジネスモデルも畳に追いついたか」という奇妙な感慨に浸りました。伝統産業も先端産業もすぐに価格で競争したがる日本企業は、無料キャンペーンや値下げ以外に能がないのでしょうか。

しかし、私が気になったのはその後の出来事です。この会社は、受託したシステム開発案件の納期、予算、難易度に応じて、インド、バングラデシュ、ベトナムなど発注先とする国々をその都度、変更しています。そして、「低価格・高品質・短納期」という、前作でエビ、軍手、木炭を事例に解説したような条件を課して発注した後に、「あること」を必ずやっているそうです。

それは、「インドやベトナムでプログラミングを行ったことが分からないよう、最後に特定の処理を施してくれ」という依頼です。

私には専門的なことは分からないのですが、この分野に詳しい知人の説明によれば、納品前にコーディングの処理にある細工を行うと、アサリ貝やタケノコの産地ロンダリングのように、「システムの原産地」を都合よく修正できるとのことでした。

なぜそんなことをやるのか、考えるまでもないでしょうが、彼らがもしドイツやスイスの企業と提携して完成させたシステムを納品するなら、果たして同じことをするだろうかと思いました。

ちなみに、この会社は大手に納品したシステムが動作不良を起こして顧客に迷惑をかけてしまい、社長が呼び出されて緊急対応を迫られました。ところが、設計を委託したインド企業ではその業務を担った社員が離職しており、何日たっても連絡が取れませんでした。顧客から「いつ修復が完了するのか」と叱られながらも、「利幅を増やすためにインドに発注した」という事実を明かせない会社は、その後顧客から「社内の担当SEに聞けばすぐ解決できるだろ?」、「なぜ、こんなに遅いのか!」と詰問され、社長がインドに飛んでやっと解決。目先の欲に目がくらんだ「コスパ重視のプログラミング外注」は、賠償請求と次回発注キャンセルという、多額の損失という結果に終わりました。

インターネットとパソコンほど広範に、そして同時代的に世界共通で使用された業務用のインフラはありません。それは、私たちの生活と仕事を驚くほど便利にしてくれた半面、思いがけない分野や地域に自分の仕事の競争相手が出現し、値下げリスクを発生させるようになりました。

システム開発のみならず、名刺や広告物の作成、フォトショップの画像加工、アニメーションの原画作成、ゲームのキャラクターデザインなど、デジタル分野の労働集約型業務も、アパレル分野のようにどんどん海外で行われるようになっています。

チャットGPTなどの生成型ソフトウェアがもたらす「思考代行テクノロジー」による構造変化への対応も現代ならではの課題でしょうが、それとは別に、自損型輸入が「知的労働そのもの」を輸入商品として日本のIT業界にもたらす値下げ圧力は、わが国のプログラマー、クリエイター、アニメーターの収入低迷のみならず、労働環境の悪化、生産性や創造性の低下に拍車をかける一因となりつつあります。

インドがITの分野で世界的に知られるプログラマーや経営者を多く生み出していること、バングラデシュがオフショア開発で世界中の注目を集めていること、パキスタンが知られざるゲーム大国であることもわが国で知られ始めましたが、合計で約二十億人に迫る巨大な人口を擁する南アジアの国々には政治的、宗教的な問題も多く、まだ膨大な数の貧困層がおり、既存の職業分類に当てはまらないIT分野の仕事は、カースト制度を抜け出すための希望の仕事として注目されているという側面もあります。

そのため、日本でこれらの国々にBPOを行う会社も「女性の貧困問題を解決」、「子供たちに教育を」、「ITで途上国支援」という美談を前面に出して、美談に弱い日本企業からの受注を図ることがあります。しかし、そうした国際外注労働の成果物が日本のプログラマー、クリエイター、アニメーターの収入に損失を与えるとなれば、美談どころか悲劇の上塗りとなってしまいます。

IT、アニメ、ゲーム業界の一部の現場業務は、今では「デジタル肉体労働」と見られ、建設業界のように「ITゼネコン」が支配する業界秩序や上下関係が存在し、現場の仕事に当たるスタッフは、時には涙ぐましいほどの努力を低い報酬で強要されている場合もあります。こうした環境が改善されなければ、いずれわが国からは創造性豊かなプログラマー、開発者、IT起業家が生まれにくくなり、もしかしたら日本人が海外からの下請けに甘んじる時代が来るかもしれません。

すでに一部のアニメ、コンピューターグラフィックスの分野では、わが国の優秀な作家、クリエイター、プログラマーが、中国や韓国の会社から日本では考えられないような魅力的な報酬で引き抜かれ、中韓発のコンテンツ作成のために働いている事例を、私は福岡の映像制作会社の方から聞きました。

これは、バブル崩壊後に東芝の半導体エンジニアがサムスンから大金と甘美な接待で引き抜かれ、日本の技術を韓国に流出させたのと同質の事例ですが、今も昔も日本人エンジニアやクリエイターは自社の処遇を批判して転職の動機を正当化し、同僚のサラリーマンは無言を貫くだけで、経営幹部も人材流出を阻止する手立てを持っていません。

熊本の半導体工場で働いていた私の知人は、半導体製造装置、ウエハの洗浄技術、超純水の製造方法、空気圧で運搬する製造ラインの設計方法など、実に多くの技術を持つ日本企業数社のエンジニアたちに、以前、中韓の企業からのオファーがあったことを明かしてくれ、「韓国は許せない」、「サムスンなんて全部日本のマネ」と怒りをぶちまけていました。

しかし、半導体に限らずアニメ、映画、ゲーム、ソフトウェア、プログラミング、アプリの分野で働く優秀な人たちの足元を脅かす報酬の低下をもたらした張本人は、ほかならぬ私たち日本人です。「価格競争で勝つ」、「シェアで勝つ」という古い発想から抜け切れず、狭い業界内の争いだけに執着した結果、「最初に自損型輸入を仕掛けた業者の存在」によって全社が損失を被り、際限なき「引き算経営」と下請け搾取の連鎖反応で業界全体が疲弊していく過程は、農林水産業と製造業が衰退したパターンと同じです。

今では、比較的フリーランサーが多いＩＴ業界でも労働組合が結成され、他の業界同様、賃上げや報酬体系の改善を求めていますが、自損型輸入が根付く経済では、賃上げしたくとも財源がありません。内部留保があっても、経営者は怖くて満足な支出、投資ができません。

自分たちで自分たちの賃上げの財源を枯渇させる自損型輸入が、現代日本で多くの雇用を生み出しているＩＴ業界にさらに浸透していけば、南アジアの女性や若者が救われるほど、日本中で寝不足、肩こり、眼精疲労、便秘、腱鞘炎《けんしょうえん》、坐骨《ざこつ》神経痛、腰痛の若者が増えていくでしょう。

親日外国人を絶望させる英会話学校

二つ目の事例は、前作の英語版『The Low Price Virus』を読んで共感してくれた、九州のある英会話学校で働く外国人の友人が寄せてくれたものです。

彼は来日二十年を超え、母国語に加えて流暢《りゅうちょう》な英語と日本語を操ります。九州の大学、英会話学校の事情や企業の通訳にも詳しく、その見識は単なる通訳、翻訳業務の域を超えて国際情勢や異文化理解、最新の国際的なデジタル規制にも及び、彼のような語学教師を社員に迎えた学校は、サービスでも経営でも彼の存在そのものを武器にできるほど優秀で日本への理解が深い、日本大好きの語学教師です。

ところが、彼の給料はこの十年ほど、ほとんど上がっていないそうです。彼は前作の英語版を読んだ後、「英会話業界にも、低価格ウイルスのパンデミックがあります」と言いながら、私に業界事情を説明してくれました。

それは、近年増加している、主にオンライン授業を提供する「フィリピン英会話」と呼ばれる英会話学習サービスです。特に日本人に人気なのは、セブ島、ボラカイ島などフィリピンの有名な観光地のオンライン英会話の「教師」から学ぶ安価な授業です。カリキュラムの終了後は、生徒が希望すればリゾート地での授業や国際交流イベントにも参加できるそうで、一連のサービスについて聞いたところ、私は「これは、教育の名を借りたエンターテインメントかレジャーのサービスだ」と感じました。

フィリピン人のスタッフは正規の語学教育の訓練を受けた教師ではなく、日本人業者が運営するサービスの範囲内で短期間の研修を受けた即成講師です。しかも、講師にはなぜかフィリピンパブのように若い女性が多いのが特徴です。

フィリピンは私も何度も仕事で訪問したことがあり、フィリピン人の陽気な国民性は私も好きで、現地の都市別、世代別、職業別の人件費についてもある程度の理解があるのですが、率直に言って、日本人相手のオンライン授業の報酬はフィリピンでは良い「お小遣い稼ぎ」で、そこに業者の仲介手数料を乗せても、日本で「格安英会話」をアピールできるだけの価格競争力があります。

国際化が進む現代は、英語の必要性はますます高まり、ニーズに応じて様々な語学教育の教材やサービスがあります。その中で、インターネットの発達により急速にこの業界を席捲《せっけん》しているのが、ユーチューブによる英会話の無料動画と、フィリピンを拠点にした格安のオンライン授業です。

彼が紹介してくれた事例によると、彼が教える学校でも新型コロナウイルスの感染拡大を機にオンライン授業への切り替えが進み、短期間に収益が激減する中で、いつの間にか正規研修を受けていない講師が授業を担当するようになって、その授業料は彼の学校の正規の授業料の半額以下でした。このことは、彼が授業を担当した生徒が何気なく話してくれた前日の授業の体験談から、初めて知ったそうです。つまり、会社は長年自社に貢献してきた敏腕講師に話すことなく、授業の値下げとアウトソーシングを決断していたのでした。

この時期、責任感が強く同僚思いの彼は学校の労働争議の代表を引き受けていたこともあり、私は彼の社会保険や勤務記録を翻訳して、税理士や社労士への相談の通訳も行ったため、毎日報告される学校の内情に驚きました。

彼が、学校の経営陣に「なぜ、生徒の満足度が下がるような経営判断を行ったのですか」と尋ねると、経営陣は「ユーチューブの無料授業やフィリピン英会話の拡大で、わが校もコスパが良い授業を提供しなければ、生徒数が減ってしまうと感じたからだ。低価格帯のサービスも持っておかなければ、わが校は『授業料が高い学校』という悪いイメージが付いてしまう」と回答しました。

彼が「授業料が高い学校ではなく、授業の質と生徒の満足度が最も高い学校という評価と評判を高めるのが我々の務めであり、語学学校の存在意義ではありませんか。それに、なぜ授業料が高いことが悪いイメージにつながるのですか」と聞くと、経営陣は何も答えなかったそうです。

仮に授業料が「一時間四千円」だとしても、その授業で得られるのは単に語学力だけではなく、言葉への愛情、文化への興味、コミュニケーションへの自信、将来への希望など多岐にわたる無形の知的、精神的な財産です。また、教師の側も授業への覚悟が深まり、緊張感も高まって、一時間の授業は真剣勝負の様相を呈し、教える側と学ぶ側がハイレベルな交流を楽しむ、本物の知的格闘空間になるはずです。

値段が高いほどサービスも良いとは言いませんが、値段が高いほどサービスのレベルと買い手の要求水準が高まり、売り手と買い手の合意のレベルも高まるのは一般的な現象で、本来、人を育てる教育ほど、このレベルを高める努力が求められる分野はないはずです。

ところが、英語と「英語らしき言語」を区別できない日本人学習者に対し、プロ講師と即成講師を判別できない無料体験レッスンを提供して勧誘し、教育なのかエンターテインメントなのか分からない「授業らしきもの」を格安で提供して、それを英会話と呼ぶのなら、これはもう、完成された自損型輸入です。

プロ講師のプライドを大切にする彼としては、訓練を受けていない「未熟者」と自分が比べられること、そして、そんな似非《えせ》授業と自分のサービスが価格だけで比べられて「高い」と言われることには我慢がならないそうで、温厚な彼は日本人が経営する学校の姿勢を評して、「日本人は、本当に自信がありませんね！」と憤懣《ふんまん》やる方ない表情でした。

教育の世界でも常に技術革新が行われ、電子黒板やタブレットＰＣなど、授業や補習、個別指導の能率を大きく高めるツールも普及して、教育の技術そのものは昔と比べて発展し、効率化されました。しかし、そうした効率化は教育そのものの充実を図るためであり、新技術の導入が教育の質的低下に繋がるなら、そうした改革は生徒にとっても不幸な失敗だと言えます。

日本在住経験が二十年を超える彼は、二〇〇八年に秋葉原で発生した連続殺傷事件を見て、「日本社会は変質した」と感じたそうです。また、その時に、周囲の見知らぬ人々を手当たり次第に巻き込んで殺傷し、最後は自暴自棄になって力尽きる「拡大自殺」という日本語に着目して、「自損型輸入は、企業版の拡大自殺ですね」と意味深長な言葉を発しました。

つまり、自損型輸入業者は「業界に乱入した通り魔」だということです。通り魔に刺された被害者と刺されて亡くなった犠牲者が国産企業であり、通り魔から「口止め料」としての広告宣伝費をもらって事件に見て見ぬふりを決め込んできたのがマスコミと広告代理店であり、お金の流血に苦しむけが人を放置して通り魔に喝采を送ってきたのが消費者という通行人です。

彼は若い頃に知った、日本人が日露戦争やシベリア出兵の混乱で見せた勇気に感動して来日し、そして勇気を失った現代日本人の情けない姿を見て「日本社会の変質を感じた」と告白してくれました。

また、彼は銀行強盗と人質が奇妙な一体感を抱く「ストックホルム症候群」を引き合いに出し、自損型輸入業者によって、三十年にもわたるデフレという暗室に監禁された結果、正常な経済観念を失った消費者という人質が、自分を誘拐して不幸にした犯人が提供する安価な商品を「コスパがいい」と歓迎する現代日本の異常な消費行動を指摘して、「日本版の三十年ストックホルム症候群ですね」と苦笑しました。

教育分野での自損型輸入とコスパ病の蔓延《まんえん》は、現場の業務を不必要に多忙にし、教師のやる気を挫《くじ》き、教育の質を引き下げ、生徒の成長を阻害し、ひいては人間そのものとその未来を損なう結果をもたらします。また、日本人と変わらないほどまじめに日本の法律を守り、納税を行い、交通法規を遵守し、日本文化にも深い理解と愛情を持つ在留外国人が、こうした些細《ささい》な出来事で日本への信頼と愛情を失い、日本に絶望することは、国家的損失ともいえる事態です。

確固たる国家観と歴史観を持っていた明治の先人たちは、日本人の十倍、二十倍もの高給を払って外国人の専門家を雇い、教育やインフラを底上げして日本の技術と産業全体を発展させ、国民全員の所得を向上させせました。しかし、現代の私たちは明治時代とは逆に、日本人の半額以下で働く外国人を国内外で雇って、日本企業の売上、日本人の所得、日本政府の税収という全体の経済に損失をもたらしています。明治と令和、どちらの姿勢のほうが賢明で「お得」でしょうか。

観光業に広がる奇妙な旅行システム

三つ目の事例は、インバウンド観光事業です。

私が学生時代から仲の良い大分の友人は、観光の分野で様々な成功事例を生み出しながら、長年、故郷再生のために奮闘しています。私も以前、タイ人ブロガーの招聘《しょうへい》企画で協業し、観光業について多くを教わりました。郷土の特産品や食堂のみならず、全国的なイベントの運営、人気漫画家とコラボした観光資源の開発、大手企業と提携したご当地グルメの企画、ホテルや旅館の内情、旅行代理店の営業手法にも精通する彼は、観光業に関わったことのない私に、いつも有益な話を聞かせてくれます。

そのなかで印象に残ったのが、「最近、一部の中国人観光客の動向が把握できなくなった」という話です。五年ほど前までは、何万人という中国人観光客が毎月、福岡空港と博多港のクルーズセンター経由で入国し、九州各地の旅行に向かったことから、私も「観光バスが足りない」、「修学旅行のバスがない」という話を耳にしたものです。旅行代理店が九州中の観光バスを予約し、中国人観光客のために配車していたからです。それは、訪日観光旅行の主導権、つまり国内での旅程作成、ツアー企画、宿泊や立ち寄る店を手配する権限を、日本の旅行代理店がまだ握っていたということです。

そんななか、彼は、そうした一般的な慣行によらない新手の旅行手法が発生していることを私に教えてくれました。話によれば、九州域内のさびれた旅館や観光地の経営権を中国資本が握り、中国人エージェントが九州域内の観光土産を調達し、観光バスも中国人が予約し、免税品やお土産の案内、購入もクルーズ船や観光バスの車内で行われるため、予約、案内、手配、販売という、観光で経済効果が発生するあらゆるプロセスから日本人が締め出されてしまった、ということでした。

こうした旅行企画を発案したのは、長年、日本の旅行代理店で働いていた中国人や、日本の旅行会社からツアーコンダクター、通訳として業務委託を受けた、観光業の経験が豊富な中国人です。観光客にとって移動費、宿泊費、お土産代が安くなるのは嬉しいことです。また、旅行を提供する側にとっても、ツアーの利益が増えるのは嬉しいことです。だから、お手頃価格で魅力的な訪日ツアー商品を完成させようと思ったら、日本人の協力は欠かせません。

彼らは数年間日本の旅行会社に勤め、日本人の下で働いた後、ノウハウと人脈を得て、日本の旅行制度や法律を熟知し、その後は日本人不在でコスパの良い訪日ツアーを企画し、中国人の団体観光客に販売しています。人数が桁違いに多い分、中国人観光客は日本の旅行関係者には魅力的な存在で、もちろん良い経済効果もありますが、過度な中国依存は観光の分野でもリスクを招き、対応を誤ると、いずれ旅行分野だけにはとどまらない禍根《かこん》を残すかもしれません。

中国人の人気が集中した商品や土地は、不自然な在庫不足や価格高騰が発生したりもするでしょうし、中国人が増え過ぎた地域では日本人が離れたりもするでしょう。在日中国人が中国人観光客向けに安価な商品を販売する店が増え、日本人客も歓迎という態度を見せれば、それは業務スーパーが一般客向けに販売を開始した時と同じで、規模の力で価格競争力が強まり、その地域の経済活動に新たな形の値下げ圧力をもたらす可能性もあります。

クアラルンプールのペタリン通りやバンコクのチャイナタウンでは、中国系事業者の強力な調達力により、現地のマレー人やタイ人が経営する店舗が到底及ばない低価格で生活用品が販売されていることを知っている人もいるでしょう。

「外国人が日本国内を旅行しているのに、中国資本が関わる場所にしかお金が落ちない団体旅行」は、それ自体がある旅行形態の完成形であると同時に、この先、どのような形で日本社会と日本経済に影響を及ぼすことになるのか、まだ見通しが付かないという点で、現在進行形の新たな事態でもあります。

この事態そのものを自損型輸入と結論するには時期尚早ですが、日本人との関わりをできるだけ排除して利益を増やそうとする志向を見る限り、今から警戒しておく必要がありそうです。

最後に申し添えておきたいのは、日本で旅行業に関わる中国人のなかには、日本を愛し、観光地の文化や史跡に敬意を払い、日中両国の関係者に利益、友情、思い出が生まれるようまじめに頑張っている人もいるということです。

私は中国共産党は信用しませんが、「中国人がやっているなら全て悪いことだ」と頭から決めつけることには反対ですし、「日本人がやっているなら全て良いことだ」と安易に信じることにも反対です。敵意も油断も、ともに判断を曇らせるという点では、現状認識の邪魔になるものです。

留学生から閉校に追い込まれた日本語学校

四つ目の事例は、数年前まで福岡に存在した日本語学校での出来事です。

私は仕事柄、外国人の友人が多く、これまで進学、就職、転職、離婚、引っ越し、開業、輸出入など様々な相談を受け、時には問題解決を手伝ってきました。そんななかで、七年前、福岡の日本語学校に入学したミャンマー人留学生と出会いました。婚約者とともに来日した彼女は素直で責任感の強い女性で、日本への憧れと尊敬の気持ちが強く、来日前から私に日本で学ぶ夢を生き生きと語ってくれました。

彼女は福岡にある小さな日本語学校に入学し、晴れて留学生としての生活をスタートさせたわけですが、最初に私に寄せられた相談は、「学校から引っ越せと言われた」という奇妙なものでした。事情を聞くと、どうやら彼女が通う学校が中国人経営者に売却され、「学生は五人で2LDKのマンションに住むこと」と決められたそうです。彼女のために私が探してあげたマンションの家賃は1DKで四万五千円でしたが、学校が指定した古びたマンションの家賃は、私が調べたところ、七万八千円でした。その部屋を指定された彼女と婚約者は学校から合計四万円の家賃だと言われ、「そんなこと、留学前には何も聞かなかった」と途方に暮れていました。

二人で四万円なら、一人当たりの家賃は二万円ということで、それを「五人で住め」と言うなら十万円の家賃が発生し、そこから七万八千円を差し引けば、日本語学校には二万二千円の差額が利益として入ることになります。しかも、同じ時期に学校から同じ指示を受けたベトナム人、ネパール人、スリランカ人の留学生に話を聞くと、彼らが指定されたマンションはいずれも日本人の居住者が少なく、築年数が長く、掃除やメンテナンスの状態が良くなく、日本人なら「家賃が数千円高くても、もっときれいなマンションに住みたい」と思うような立地にあることが共通していました。

事情を聞いた私が、日本語がまだ不自由だった彼女に代わって学校の担当者に電話し、「賃借人は誰なのか」、「賃貸借契約書には、誰がどう居住者の名前を書くのか」、「在留カード記載の住所の変更手続きはどうするのか」、「敷金、礼金、修繕費の負担はどうなるのか」などと尋ねると、担当者は「面倒なやつを引っ張ってきやがって」と言いたそうな声でぶっきらぼうに説明し、電話を切りました。彼女はこの電話により、奇妙な居住形式を強要されずに済んだのですが、私には違和感と、「せっかく日本が好きで来てくれたのに、申し訳ない」という罪悪感めいた感情が残りました。

数ヵ月後、彼女からまた相談が舞い込みました。次は「今やっているバイトをやめて、介護施設でアルバイトをしなさい」と学校から要求されたそうです。彼女の飲食店のアルバイトは私が友人を通じて条件を整えたアルバイトだったので、突然の離職など考えられず、私はまたしても「実に不可解な日本語学校だ」という疑念を抱きました。

私が日本の職業紹介の仕組みを彼女に説明しても、まだ学生だった彼女は日本の制度を理解するには若かったため、彼女には「学校に行ったら、①私は介護士の資格を持っていません、②私は今のアルバイト先をやめることはできません、③入学契約書には、私が学校からアルバイト先を指定されるという記述はありません、という三点だけを伝えなさい」と教えました。

後日、彼女が見せてくれた学内限定の連絡メールの文面によると、この学校は福岡県内の他の日本語学校と協力して、弁当の詰め込み、物流倉庫での軽作業、ホテルの清掃といった単発の仕事や早朝、深夜のアルバイトを仲介する教育外の事業を始めたようでした。

この学校には、もちろん日本人教師がいました。しかし彼らは無気力で、授業もやる気がありません。そのため、彼女だけでなく他の国から来た留学生たちも、「騙されて学校を間違えた」、「この学校は嘘つきの集団だ」と口々に不満を述べ、私に驚きの経営状況と授業風景を伝えてくれたのでした。

なお、後日談を紹介しておくと、この学校は学生たちによる度重なるクレームに真剣に対応しなかった結果、一人の留学生が迎えた悲劇をきっかけに、各国の学生たちが母国語であらゆるブログ、SNSに「カネの亡者学校」、「この学校だけは絶対に入学するな」、「人生を捨てたい人だけ行け」、「経営者も校長も教師も全員、詐欺師」と一定期間、集中的に書き込みを行った結果、各国で悪評が拡散され、二年後に生徒が集まらずに閉校しました。

少子化で日本人学生の募集が難しくなり、経営基盤が不安定化したため、「国際」、「アジア」、「グローバル」といった言葉を冠して、日本人学生だけではなくアジア諸国から学生を集める学校や、外国人だけに絞り込んだ教育サービスで存続を図る学校は、福岡だけでなく全国にあります。

そして、そのなかの一部の学校には、前述の観光業のように外国人が実質的な経営権を握り、授業料の安さを打ち出して学生の募集を図る学校もあります。もの言わぬ従順な日本人を雇用して法律が求める業務を担当させ、学校自体を集金マシンとして運用しているケースもあります。

不可解な仕組みと緩い選抜で生徒を募集して来日させ、学生ではなく肉体労働者のように扱い、本来提供すべき教育サービスを提供せずに留学生、日本人学生を金づるとして利用するなら、それのどこが教育でしょうか。

もちろん、優れた教育や立派な対応を行っている学校、監理団体もたくさんありますが、留学生や技能実習生は、日本側の募集定員や働き手不足を埋め合わせるための都合の良い存在ではありません。コスパ優先の教育、採用、雇用を行って目先の帳尻を合わせるような経営を続けていけば、将来最も困るのは私たち日本人です。

こうした狭い世界の事例は一般の日本人には知られておらず、自損型輸入のように国内産業への直接的な損失をもたらすケースとは異なりますが、日本という国のモラル、イメージ、信頼性に対して及ぼす悪影響と悪印象には軽視すべからざるものがあるという点で、こうした状況を放置することもまた、「自損的」と言えるのではないでしょうか。

政府の留学生増加政策、ビザ緩和などのインバウンド観光推進政策、年々対象国と適用業種が増える外国人技能実習制度によって、わが国ではあちこちで外国人の姿が見られるようになりました。

しかし、私たち日本人が外国人と接する時、その第一印象を「お金を落としてくれそう」、「安くても働いてくれそう」とお金を基準に考える卑しい態度を見直さない限り、私たち日本人もまた、世界で軽蔑されていくでしょう。そして、わが国はいずれ観光、留学、ビジネスで見放され、最後は私たち日本人が外国人から「安い」と言われて、「爆買い」の対象となる未来を迎えるかもしれません。

他者の働きを思いやり、感謝する美徳

前作で農林水産業、製造業の分野における自損型輸入の実例を知った読者の方は、本章で紹介した四つの事例を通じて、「値下げ競争で目先の収益とシェアを増やそう」と考える、日本人に特に強いコスパ病的インセンティブにより、サービス業の分野でも自損型輸入が浸透しつつある現実が見えてきたのではないでしょうか。

サービス業の世界は、物品が見えやすく計算しやすい製造業の世界と比べて、時間単価、人月、知的な営為の価値、創造性を伴う作業、無形のサービス料金や接客などのように、熟練度やサービスの種別だけでは計算しにくい要素も多いものです。

この分野に自損型輸入のスキームを通じて、海外の安く競争力が高いサービスが持ち込まれれば、わが国のＩＴ業界、エンターテインメント業界、教育業界、その他クリエイティブ性や

ホスピタリティを求められる分野からは、わが国が誇る「おもてなし」の精神が少しずつ失われ、コスパだけを基準に受発注や雇用契約が行われる殺伐とした世界となっていく恐れもあります。

適正価格には正解がなく、最適を追求し続けていくほかない永遠の経営目標の一つですが、私たちは他者の働きの成果物やサービスに依存しなければ生きていけない以上、消費者や発注者の立場でサービスを受けるときは、モノやサービスの裏にある相手の存在と見えない働きを察し、思いやり、感謝する美徳を失わずにいたいものです。

こうした美徳を高いレベルで完成させた日本的職業観については、私が個人的に二十年、顧問を務めている福岡の大学生サークル「ＦＵＮ」でずっと教えてきたので、わが国の伝統的な職業観とコスパ病的職業観の比較については、最終章で論じたいと思います。

しかし、わが国からそうした美徳や余裕をさらに奪ってしまいそうな暗雲が、わが国が最も強みとしてきた分野で垂れ込めつつあります。次章では、高付加価値の産業分野にも浸透し始めた自損型輸入について見ていきましょう。

第二章 ハイテク化する自損型輸入

「用済み」になって捨てられた日本企業

本章で取り上げる事例は四つで、なかにはすでに報道されている事例もあります。「じゃあ、なぜわざわざ扱うのか」といえば、その報道、解説、広告宣伝において、わが国の産業と経済に与える損害と影響が全く言及されておらず、それどころか、相変わらず、いつものように他人事か他国の出来事のように取り上げられているからです。

本章で取り上げる事例については、前作を上梓した頃に部分的な報道が始まったものの、まだ全体を判断するには十分な情報を得られなかったため、見切り発車や臆断で論じるべきではないと思い、前作からは割愛しました。

しかし今では、コスパ病と自損型輸入の新たな脅威として警戒する必要があります。その代表は、昨年から日本のメディアも宣伝している中国のシーイン（SHEIN）と、同じく中国のメーカーと組んで電気自動車の対日輸入販売を手掛けるASFの二社です。まず、シーインから見ていきましょう。

ファッションや流行に疎い私がシーインの存在を知ったのは、先に挙げた学生サークルFUNで毎週土曜に一緒に勉強している女子大生の話がきっかけです。シーインについて聞いてみると、「みんな知ってますよ」、「ティックトックやインスタでも頻繁に見ます」、「めちゃ安ですよね」、「GUやニトリよりも安くてかわいいと言って買う友達もいます」とのことでした。

その名の響きから、すぐに中国系だと分かるシーイン。公式サイトによれば、二〇〇八年に南京で創業され、ウェブサイトとアプリでの激安ファッション、生活雑貨、アクセサリーの販売で急成長し、売上は非公開ではあるもののZARA、H&M、ファーストリテイリングという巨大SPAの売上を上回る勢いとのことです。シーインを扱ったサイトやブログで多く目に付くのは、「アプリのダウンロード数でアマゾンを超えた」、「アメリカでZ世代に大人気」という二つの話題で、流行に敏感な日本の若い女性を一瞬で説得するインパクトがあります。

このシーイン、昨年、期間限定で展開された大阪のポップアップストアには四千人が行列を作り、その後は原宿に常設店舗を開設し、日本のメディアを招いて大々的な宣伝を行ったそうです。

デザイン性、かわいらしさ、質感、流行との相性といった消費者目線での同社製品の価値は、中年男性の私には分かりませんが、貿易マンである私から見た同社の「アパレル・雑貨SPA」としての特徴は、「企画、デザイン、開発、縫製、検品、流通、広告、営業、販売、顧客フォローまで、一つも日本企業の関与なく完成させた」という点にあります。

同社が扱うカテゴリの製品はアパレルのみならず、ダイソー、ニトリ、ドン・キホーテ、ワークマンなどの製品とも一部重なり、また、今後もっと重ねていくのかもしれませんが、驚くべきはシーインに行列を作る消費者以外、「日本人の存在がない」ということで、日本企業は「用済み」になって捨てられてしまったという事実です。

戦争に例えると、これまでの自損型輸入は「敵地戦」だったとも言えます。すなわち、中国企業は中国本土から出ることなく、日本人業者が中国に赴いて低価格の武器をこしらえ、業者が完成品を日本市場に持ち込んで国産企業を攻撃してきました。ところが、シーインは中国企業が日本企業を介在させず、直接日本本土で事業を行い、アプリやウェブサイトで直接、日本人に販売しています。これは私たち日本人から見れば、「本土決戦」であり「本土爆撃」とでも呼ぶべき営業手法です。

なぜ、こうした経営が可能になったかといえば、中国が強みを持つAIをフルに活用しているからで、同社は一説には「新商品開発が世界一速いとされてきたZARAの四倍の数の新商品を、ZARAよりずっと短い期間に作る」と言われるほどの、超高速の商品開発力と市場投入スピードを武器としています。

しかも、これだけの規模とスピードでの企画、設計、開発、製造を可能にしつつ、世界中から膨大なトレンド情報を収集しながらも、女子大生に聞いたところ、洋服、バッグ、雑貨、アクセサリーの値段はしまむらやGUの価格を下回っており、試着や注文もアプリ内で完結し、国際配達も迅速で安価です。

なかには「買って損した」、「写真に騙された」、「商品説明の日本語がキモい」とクレームが集まる商品もあるそうですが、低価格の割に見栄えと機能性が高い商品も多く、そうした商品に対する日本人ユーザーの驚きがSNSで瞬時に拡散され、シーインの名を若者の間に急速に浸透させています。

面白いのは、同社の動向を報じる日本のアパレル、ファッション関係のネットメディアのうち、いくつかのサイトや業界の専門家が、ユニクロ、しまむら、ニトリを「ナショナルブランド」と呼び、「シーインの課題はブランド力と信用」、「価格は安くても品質、技術、デザインはユニクロに及ばない」、「日本人消費者の高い要求を満たせるかが今後のカギ」と評していることです。

私には、「ユニクロやニトリのどこがナショナルブランドなんだ」、「ユニクロやしまむらも昔は同じだっただろう」、「全て社名と顔だけ日本の自損型業者じゃないか」、「コスパ病感染者の要求のどこが高いんだ」としか言いようがありませんが、業者や御用インフルエンサーたちは、かつて自分たちが自損型輸入によって真のナショナルブランドを駆逐したように、今度は自分たちが亜流のシーインに追撃される段階を迎えて、勝手に「日本代表」を自任したくなったのかもしれません。

日本人が現代中国を見る時は、どんなことを見聞きしても、最初は油断して見下します。前作で大きな反響を集めた熊本の「い草・畳表」の事例でも、国産農家と自治体は油断で大敗北を喫しました。同じパターンで、後に白物家電、パソコン、スマホもやられました。

自損型輸入の最古参業界の一つであるアパレルの分野で「日本人の完全排除」という究極の完成形を迎えた事態は、今後、どのような展開を見せるのでしょうか。今後、日本人の消費者が「これからは、コスパがユニクロ以上のシーインにしよう」と言ったら悲劇ですが、「シーインに対抗するため、ユニクロを応援しよう」と言ったら喜劇です。

そんななか、悲劇や喜劇ではなく、惨劇と呼ぶほかない未来が垣間見えてきそうな恐ろしい変化が、わが国が最大の強みとしてきた産業で発生しつつあります。

自動車業界にも感染しつつあるコスパ病

私がこのニュースに接したのは、前作の執筆を開始した頃でした。

輸出業を行う私は、小型の国際貨物を手配することもあるため、国際物流環境がコロナ禍で大きく変化するなかで、重量や仕向地、温度帯別にもう一回輸送手段を整理しようと、いくつかの運送会社のサービスを調べていました。すると、「佐川急便、中国製小型ＥＶを導入――ガソリン車下回る廉価か［新聞ウォッチ］」というAutomotive Media Responseのニュース（二〇二一年四月十四日付）が目に飛び込んできました。

ところが、この時のニュースでは「佐川急便が七二〇〇台を採用予定」、「中国メーカーと組んだ日本の自動車メーカーが手薄な小型商用車両の分野を開拓する」という漠然とした見通しを述べているほかは、生産体制、量産計画、価格設定、日本政府の補助金適用の有無など、EV（電気自動車）に関する基本的な情報が出揃っていなかったため、私はしばらく注視することにしました。

それから約一年半。二〇二二年十二月二日付のロイターのニュース「商用軽EV、低価格で仕掛ける中国勢　打ち破れるかブランドの壁」を読んだ私は、「いよいよ来たか」と戦慄《せんりつ》を覚えました。私が恐れを抱いた部分を説明する前に、まずはロイターを引用する形で、このニュースの概要を把握しましょう。

中国の上汽通用五菱汽車が生産する小型商用EVを佐川急便に七二〇〇台納品するのは、東京に本社を置くEVベンチャー企業ASFです。ロイターの記事は、同社の日本人社長の「中国企業の基本的なスピード、特に決断の早さに圧倒される」という述懐を引用する形で始まっています。裏を返せば、日本企業は経営スピードが遅く、決断も圧倒的に遅いということでしょう。確かに、私もその点は理解できます。

しかし、私が驚いたのは次の二つの発言を目にした時でした。

「我々の価格についてこられる国内メーカーはいないのではないか」

「コストほど顧客に刺さるサービスはない。15－16社ほど、さまざまな業界大手から連絡が来ている」

読者の皆さんは、この二つの発言についてどう感じるでしょうか。

私は、「自分が中国メーカーの人間ではなく、中国のＥＶメーカーと組んだ販売専業のファブレス企業（工場を持たない会社）の立場でありながら、『我々』という、本来は同胞意識を伴う主語を一人称として口にする言語感覚を、一体どう考えたものだろうか」と感じました。チーム意識の自然な表れで出た、特に意図はない言葉だったのかもしれませんが、中国側に立つ主語の「我々」と、進出先の祖国日本を意味する「国内」を対峙させるかのような言い方に、私はこれまでとは異質の警戒感を抱きました。また、近年流行する「刺さる」という言葉の新しい使い方も、「低価格が顧客よりも同業他社と業界全体を突き刺し、製造業の所得を減らす結果を招くと考えなかったのだろうか」と感じました。

同社の社長は起業前、ヤマダ電機の重役だったそうで、価格競争の激しさや本来のコスパの重要性に関しては、日本で誰よりも詳しい経営者の一人でしょう。そんな、日本企業の奮闘と低迷を最前線で見てきたビジネスマンが、日本のＥＶではなく、こともあろうに中国産のＥＶの日本市場投入の旗振り役となり、日本最大の産業である自動車業界に標的を定めたことは、前作で多くの読者が衝撃を受けた畳表の悲劇の再現ドラマを三十年遅れで見ているようにさえ感じます。

あの時、津波のように日本各地に流れ込んだ和製メイドインチャイナの畳は、瞬く間に国産の畳と、その産地八代の主要産業を崩壊に追い込み、多くの廃業者、破産者、自殺者を出しました。そして、日本政府が中国政府に対して発動した史上初のセーフガード（緊急輸入制限措置）に対して、江沢民率いる中国政府が報復措置の対象とした三つの品目のうちの一つが、わが国の主要輸出品目である自動車でした。

あの悲劇から二十二年。八代の畳の教訓から何一つ学ばなかった私たち日本人は、今度は、わが国で最も多く外貨を稼ぎ、メイドインジャパンの代名詞ともなり、多くの国内雇用を支えてきた自動車業界に、強力な自損型輸入商品を招き入れつつあります。

前作で詳述した通り、二〇〇一年、中国政府による報復措置に対して日本政府が見せた反応は「屈服と妥協」でした。では、今回の日本企業による中国製ＥＶ輸入販売に対して、日本政府はいかなる措置を講じるのでしょうか。

『ワールドビジネスサテライト』の記事「ファブレスメーカーの挑戦！　商用軽ＥＶに商機アリ」（二〇二二年十月三日付）によると、日本政府は同社のＥＶに対し、購入と普及を促進するために補助金を適用し、その補助金込みの価格は一五〇万円程度という低価格になる見通しだそうです。社長が「我々の価格」と豪語するのも頷ける価格で、この公金投入により、国産ＥＶは自国政府から厳しい競争条件を突きつけられることになりました。

ちなみに、米国のバイデン政権は二〇二三年四月に、「米国で最終組立を行っていないEVには米国政府の補助金を適用しない」と発表し、重要鉱物の抽出・加工作業とバッテリーの製造・組立も、二〇二九年までに北米地域で百パーセント行うことを米国における税制優遇の条件に加えました。

商用分野に切り込む中国製EV

前作の第五章で、私は「自損型輸入が成立する三つの条件」について、①標準化、②モジュール化、③コモディティ化の三点を挙げました。すなわち、①誰でも作れる、②同じモノがいくつも作れる、③均一に安く作れる、ということです。

全ての産業の発展には、昔からこの三つのプロセスがずっと繰り返され、私は何も「すべてを手作業で行う原始的で単純な仕事が最も純粋で価値が高い」と主張するつもりはありません。それにしても、内燃機関（エンジン）を使用すれば、完成まで約三万点とも言われる膨大な数量の部品を用いて成立していた産業が、電気による駆動力に切り替わるだけで劇的に部品点数が減り、したがって雇用機会も減り、産業構造の激変が起きることくらいは、部外者の私にでも分かります。

移動と輸送という重要な社会的機能を担う輸送機器、すなわち自動車の基本的機能は「走る、止まる、曲がる」です。ですから、自動車のコスパを満たすには、この三つの動作を満足に叶え、あとは安全性や利便性を保つ機能を備えれば、できるだけ安いほうが売れやすくなります。

かつて、車の基本機能を保ちながら、必須ではない要素を省いて人気を集め、普通乗用車と棲《す》み分ける形で新市場を築いたのが、軽自動車でした。また、「自転車ではきついけど、車に乗るまでもない」という中間的な移動・輸送ニーズを掴むことで本田宗一郎が生み出したのが、発明当時は「バタバタ」と呼ばれたエンジン付きの自転車（現在の「原チャリ」の原型）でした。

わが国の自動車、バイク業界は諸外国と比べても企業数が多く、どの会社にも個性があり、何十年にもわたる競争や協力を通じて独自の生態系を作り上げてきました。海外からやってくる輸入車も迎え入れ、時には海外メーカーとのコラボ車種も投入してきた自動車業界は戦後の日本経済の主役であり、スター選手であり、牽引役でもありました。

この分野で革命的な標準化、モジュール化、コモディティ化が行われると、最終組立を行う国が市場の支配権を握っていく可能性があります。また、中国はＥＶの最重要部品の一つであるバッテリーを握っているので、日本企業は自社が発注主でありながらも、実質的には下請け的な従属を迫られるようになる恐れもあります。

また、外見、乗り心地、装備品に対する乗客の好みを乗用車ほど重視しなくてよい商用車両から普及を図るのは、中国企業がタイ、インドネシア、中東で採用してきた販売戦略です。

商用車両はまとまった数で受注できるので生産計画が立てやすく、塗装やデザインも均一なのでカスタマイズの効率も高く、売りやすいからです。ＡＳＦが日本市場で成功すれば、かつてのアパレル業界のように、他社も同社に追随して自損型輸入に手を染め、「和製メイドインチャイナＥＶ」は運送業のみならずバス、タクシー、福祉車両の分野にも広がっていき、将来的には建設車両や特殊車両をも侵食していくかもしれません。そして、中国はＡＳＦを利用してわが国の消費動向と世論を偵察し、いずれ機を見て用済みとなったＡＳＦを捨て、シーインのように日本国内での営業、販売まで中国企業だけで完結させるＥＶ販売網を築き上げる可能性もあります。

自動車は巨大産業であるだけに、い草・畳表のようにたった十数年で崩壊という結末を迎えることはないでしょうが、日本初の自損型輸入がい草・畳表を舞台に企業間取引の分野で始まり、各地に広がっていったように、ＡＳＦの日本市場参入が商用車両という企業間取引の分野から始まっているのは、畳と車の注目すべき共通点です。ちなみにＡＳＦという社名は「And Smart Future」の頭文字ということですが、誰にとっての賢い未来なのでしょうか。私たち日本人にとっては、「and sad future」かもしれません。

この現実を前に、わが国の識者たちは「日本の技術で車を差別化し、安全性と快適性を高めて対抗すべし」、「ブランド力を強化して、高級化路線で対抗すべし」と主張しています。

彼らは約三十年前に岡山、広島、福岡の業者が中国で栽培、製造して日本に持ち込んだ中国産の激安畳表に対し、国内の関係者が「日本の技術でい草の品種改良に注力し、畳の品質と機能性を高めた高級化で差別化すべし」と叫びながら、激安畳の洪水に押し流された歴史を知りません。

そもそも、近年、日本人が大好きな「差別化」という言葉は、比較して分かる程度の違いや優劣を設けるという意味ではなく、「比較自体が不可能なほどの差異」によって別次元の強みを打ち出すという意味です。

例えば、テレビ局各社が視聴率競争に熱中していた一九八三年、日本で最も多くの人が最も長時間、テレビを占有する「番組」が突如、出現しました。ファミコンの登場です。また、日本中の家電メーカーが画質や音質にこだわって高機能携帯電話で競っていた二〇〇七年、アップルが「ガラスの画面を指で触る」、「アプリで全ての機能を代替、提供する」という革命的なスマートフォンを発売しました。

私は、二十年間顧問を務めるサークルFUNの大学生たちにいつもこれらの事例を説明して、「真の差別化とは、敵の無力化のことです」と説明しています。

無力化による圧倒的な勝利の事例はやはり戦史に多く、その代表は核兵器です。また、先の大戦では米軍の自動小銃やB29も日本軍の無力化を果たしました。日本軍の指揮官は「一発必中の精神力で戦え」、「日本民族には必勝不敗の大和魂がある」と精神論を強調しましたが、三八式歩兵銃（日露戦争時の明治三十八年に使用された銃）と米軍の自動小銃では勝負になるわけがなく、多くの戦地で一方的な敗戦が続いたのは本当に悔しく悲しいことです。

　この技術至上主義、精神論一辺倒の態度を、現代の私たちも無意識のうちに受け継いでいることに気付く必要があります。自損型輸入とは、「差別化ではなく無力化によって競合と戦うための武器」なのです。業者が生産拠点として「日本を選んでいない」という事実そのものが「品質、機能、ブランド力で勝負するつもりはない」、「価格と規模で国内競争に勝てる」と判断した証拠なのです。ですから、そんな競合に対して品質、機能、ブランドイメージ強化、高級化路線による差別化で対抗しようと考えるのは見当違いも甚だしく、勝てるわけがありません。無力化に対しては、さらなる無力化で対抗する以外に策はないからです。その策については第3部で解説します。

　わが国の経営者、政治家、行政職員は、日本史上初のセーフガード発動案件となった八代の事例を研究せず、その前にそんな出来事があったことさえ知りません。そして、「畳という古い産業だから」、「八代という地方だから」、「単純な建材だから」、「時代が違う昔のことだから」と事の本質から目を背け続け、今また、ケタ違いに大きな自動車業界で同じ悲劇を招こうとしています。

　二〇二三年の三月、八代市内で最大のい草の産地である千丁町の圃場《ほじょう》に、中国産畳表の企画、開発、製造、輸入を主導した一社である岡山の業者が関与する、浙江《せっこう》省の畳表メーカーの社名が堂々と記載された看板が立てられ、私は恐怖、屈辱、軽蔑といった感情が湧いてくるのを抑えられませんでした。しかし、その対日進出を国内から手引きした業者は、またしても日本人なのです。

私はＡＳＦの商用ＥＶの写真を見た時、その車が前作で触れた故・山田栄一八代市議が、中国から熊本に持ち帰って、い草農家の集まりで見せた「育ちは悪いが色は悪くない、一本の中国産のい草」のように思えて、不吉な予感が消えませんでした。私は今年度から「国産藺草《いぐさ》農家を守る会」の顧問に就任し、全国各地で国産の誇りを大切に活躍する畳職人の方々とともに、千年を超える伝統を持つ日本文化を支えてきた産業の再建に取り組んでいるところです。

商用車両からの市場参入は、本来のコスパそのものが支持されやすく、将来的な燃料費高騰リスクへの対応も訴えやすく、さらに、クライアントの社名や台数を訴求できる導入実績や、削減した二酸化炭素量などの既成事実が作りやすいという点で、新規参入する日本企業にも公平な競争条件が用意されていたはずです。ＡＳＦの社長が家電業界で培ってきた経営手法が、日本製ＥＶの市場育成と商品開発に発揮されれば、どれだけよかったかと思います。

しかし、中国企業を「我々」と呼ぶ人は、同胞である日本人を「彼ら」と呼ぶはずですから、私の願望は無意味です。同社に限らず、自損型輸入で大きな収益を上げる企業の経営者は、商売そのものにおいては優れた手腕を持つ人物も多く、機を見るに敏で、数字の判断にも鋭いセンスを発揮するものです。ところが、そうした資質や手腕も、企業経営を支えるべき国家観、歴史観、同胞意識が欠落した場合は、残念ながら、自国を傷付ける刃となってしまいます。

私たちはかつて、日本各地の衣食住の分野で無数の企業と同胞に悲劇をもたらしてきた無視と冷遇という態度を、わが国の基幹産業に対しても、また同じように見せるのでしょうか。

成長市場の新商品も最初から中国製

私は日常的にランニングと筋トレをしているので、健康グッズに興味があり、時々、家電量販店や百貨店でそうした商品を見て回ることがあります。その中に「ＥＭＳ（Electrical Muscle Stimulation）器具」と呼ばれる、電気を用いて筋肉への刺激を与える小型で高性能の機器があり、コロナ禍を機に市場が急拡大しています。腹筋に振動を与えて引き締めたり、太った部位に装着して脂肪の燃焼を促したりと、効果のほどは定かではありませんが、ＩＴの発達によって登場した手軽で便利な健康グッズは急速に需要が拡大しています。

ある時、目に疲れを感じた時期があったので、私は博多駅のそばの家電量販店で、目の疲労を解消するアイテムを探してみました。すると、良さそうな商品があったのですが、原産地を見ると中国で、販売者を確認すると、なんと福岡の会社でした。店員に聞いてみると、この会社の商品は女性に人気で、全国的に売上が増えているとのことでした。

私が電子部品関係の知人を通じてこの会社の情報を探ったところ、日本で仕様書を設計して広東省の提携企業に製造を委託し、輸入販売していることが分かりました。ちなみに、電子機器の受託製造を行う業態もＥＭＳ（Electronics Manufacturing Service）と呼びます。

この会社は、専用のアプリを用いて自分の体型、体重、体調、体質をトラッキングできるサービスも提供しており、スマホと機器を連携させるだけで、健康管理が楽になるという利便性を売りにしています。目だけでなく肩こり、腰痛、冷え性、筋肉痛、関節痛にも効果があるとされる一連の商品を展開しており、このうちの幾つかの機器は同じアプリで連携して使え、ユーザーを励ましたり、定期的に結果を分析したりするサービスもあります。

蛇口も水も失った日本企業

話を聞いていくうちに、私は、このような機器を通じて日本人の健康情報が中国に流れていく現代日本のあり方に、空恐ろしいものを感じ始めました。もちろん、医療用ではない簡素で安価な機器でユーザーの健康に関する個人情報を全て取得できるわけではなく、また、健康指標の平均値や世代、性別の傾向を特定できるほどの数量が売れているわけでもないので、現時点では、あくまで初期のシーインのように「部分的にデータ化された人間」の情報が断片的に収集されているのでしょう。

しかし、日本人が何にどれくらい疲れ、何にストレスを感じ、どの程度の疲労や症状なら病院に行かず、どれくらい不健康になったら自発的に運動を始めるのか、そういった情報が自分も知らない間に収集され、中国のメーカーに分析され、それが規模の拡大と時間の経過を経てビッグデータとして集積された時、一体何が起きるのでしょうか。

ＥＶ、ドローン、スマホのように、個々の製品は蛇口のように個々のユーザーとだけ向き合う一つの端末に過ぎなくても、そこから集まる膨大な情報の集積は交通情報、経済動向、地理・地形情報、農業の生産性といった重要情報の管理、制御、分析、活用を他国に委ねる媒体となりかねません。部品やセンサーの開発、モジュールの設計、完成品の組み立てを中国企業が行う以上、いずれ品質、機能性、利便性に対しても中国企業のほうが日本企業よりも詳しくなり、将来はもしかしたら、日本人が意識しない重要情報まで機器を通じた「自動検索」によって吸い取られ、わが国の経済や国防を脅かすデータを提供してしまうかもしれません。

昔、ＩＢＭがパソコン事業を中国のレノボに売却した時、日本では「巨人ＩＢＭがパソコン製造で中国に屈服」という姿勢で報道したニュースもありました。しかし、ＩＢＭは「もはや箱を作っても魅力がないから、これからは箱に集まったデータでサーバー運用ビジネスを行う」と言っていました。つまり、「蛇口より水に価値がある」という経営判断です。

あれから約二十年がたち、その間に世界中から様々な箱、蛇口の設計図を受け取り、あらゆる機器を製造して知識とノウハウを集積させてきた中国企業は、かつてのＩＢＭに倣ってデータの収集と活用に軸足を移し、恐ろしいほどの勢いでＩｏＴ（モノのインターネット）の技術やＡＩを進化させています。

蛇口がなければ水を飲むことはできませんが、水がなければ蛇口をひねっても出てきません。また、水量や水質が分からなければ、どんな蛇口を作ってどこに設置すればよいかも分からなくなってしまいます。今、私たち日本人は蛇口も水も中国に握らせてしまい、新商品のアイデアまで枯渇させつつあります。

前述のシーインは、AIを駆使した巧みなビジネスモデルで日本企業不要の商流を作りましたが、EMS製品の分野では最初から日本人が中国に歩み寄り、自分から仕様や機能の要求を出しています。以前、友人と福岡で「中国輸入ビジネス」の事業説明会に潜入した時、自称「成功者」を名乗る三十代前半の若い講師はこう豪語していました。

「中国企業は開発力、スピード、決断力が段違いです！　彼らはリスクを恐れないし、だからこそチャレンジを重ねて、今では日本企業以上に豊富な情報を保有しています。しかも、その情報を活用して、どんな日本企業よりも速く、安く、希望する数量で私たちのオリジナル商材を提供してくれるんです。そして私たちは、深圳《シンセン》の企業とタッグを組むことで『メーカー』の立場で商売ができて、価格決定権を握れるんです！　同じことを日本でやったら、いくらかかりますか？　何年かかりますか？　中国OEM輸入ビジネスで儲けさせてもらった私だから言います。本当に儲かるのは、これからですよ！　しかも、健康分野の市場はハンパなくデカい！」

まるで、ASFのミニチュア版ではありませんか。

こうした若い業者は、間違いなく中国企業に日本の医療、疾病、健康、スポーツのあらゆる情報を提供していくでしょう。それが「自社オリジナルのＥＭＳ製品」、「独自のＯＥＭ製品」の開発につながり、新たな儲けをもたらすなら、彼らは喜んで祖国日本を見捨てます。というより、彼らは最初から日本企業と組もうとさえ考えておらず、そもそも、日本経済を豊かにしたいという発想さえなく、中国と組む決意をした理由は、「日本はもう終わった国」と見なしているからです。

また、わが国のクラウドファンディングの先駆けとして知られる「マクアケ」も、近年は中国企業の日本進出を支援しており、公式サイトに「今後も当社は、中国を含む海外の事業者との連携をさらに深め、日本市場への事業進出をサポートしていくことで、ビジョンである『生まれるべきものが生まれ 広がるべきものが広がり 残るべきものが残る世界の実現』を目指していきます」（二〇二三年一月三十日付のプレスリリース）と記載して、同サービスを通じて華々しい「日本デビュー」を飾った商品の実績を紹介しています。以前、私の読者チームとこのサイトを話題に話した時、「これじゃ、マクアケじゃなくマクヒキだね」と苦笑する読者がいて、私はそのセンスに共感しました。

事業欲が強く、起業リスクも厭《いと》わない若い世代が中国企業に惹き付けられている現状に、私は悔しさと危機感を抱いていますが、彼らを惹き付けられない日本企業と日本人ビジネスマンの体たらくにも、苛立ちと情けなさを感じずにはいられません。

女性の直言に沈黙する男性

余談ですが、前作に対して熱い感想を寄せてくれ、自分が起こした消費行動を生き生きと伝えてくれたのは多くが女性で、学生サークルＦＵＮの取材活動に参加するのも全て女子大生で、私の講演会で率先して質問や感想を伝えてくれるのも、多くは女性です。

日本人の男性サラリーマン、経営者、団体職員に自損型輸入に対する問題提起を行っても、すぐに「取引先に関係者がいます」、「分かるけど、どうしたらいいの？」、「うちの団体であなたの講演会をやると不快に思う会社がいるから、調整が必要です」と言うばかりで、私はそんな反応に接するたび、「あぁ、日本は男だけ終わったな」と感じます。

「中国輸入転売ビジネス」に希望を抱き、情熱を燃やす若者たちも、こうした「くたびれた臆病おじさん」たちの背中を見て、早々と日本に見切りを付けたのかもしれません。

数ヵ月前、私の友人が前作を用いた勉強会を実施した際、福岡のある会社の役員が飛び入り参加しました。そして、前作をまだ読んでいない状態で「あなたの言う自損型輸入も、決して全てが悪いわけではない。企業として納税義務は果たしているし、実際、安価な商品で生活が助かっている消費者もいるのだから。それに、彼らは安くて品質が良い商品を作って、顧客満足を実現している」と発言しました。すると、前作をすでに読んでいた一人の主婦が言いました。

「一社ではきちんと納税してるかもしれないけど、その会社のせいで業界と産地全体の税収が激減して、トータルで日本は損してるんですよ。そんな会社は、納税を盾に自損型輸入商品の販売動機を正当化すべきじゃないと私たち女性消費者は思います。安いのしか買えないのは福岡の収入が低いから。だから安物を売って助けるんじゃなく、収入を増やして助けないといけません。コスパ病から目が覚めた私たち消費者は、もう、安くて品質が良い輸入品を支持しません。女性は旦那、息子の給料を増やすため、少々高くても国産品を買うべきです。日本人を幸せにする商品と会社を応援すべきです。私たちは女性として、母親として、そういう本質的な、みんなを幸せにする買い物が大事だと思うんです」

男性役員は、したり顔で並べ立てた①納税しているから正しい、②低所得者を助けているから正義だ、③顧客満足を実現しているから優秀だ、という三つの持論を、まるでハエたたきで叩《たた》かれたように数秒で叩き潰され、一言も言い返せずに気まずそうな顔をして沈黙しました。

実際にお金を動かす権限を持つ女性の生活感と人間愛溢れる数秒の言葉で、前作を読んでいない状態でありながら交わされる言葉の端々を聞いただけで判断する身勝手な男性の屁理屈とプライドがへし折られ、虚構の顧客満足という「ご本尊」が木端《こっぱ》微塵《みじん》に粉砕されるさまを目の当たりにし、私はひそかに、「女性の声、消費者の声こそ、自損型輸入に対抗する最強の無力化兵器だ。男性に日本人を貧困に追い込む悪い商品を作って売るなと言ったら百年かかるけど、女性にそんな商品を買わずに日本人を幸せにする会社と商品を応援しましょうと言えば、数年で日本が変わるぞ」と決意を新たにしました。

余談が長くなりましたが、自信を失った日本人男性の姿は次世代にも悪影響を与えるという事例と、男性がもっともらしく口にする理屈は経済的にも社会的にも正しくなく、現実生活に密着した思考を行う女性には全く通用しない、という事例を紹介しました。

傍観者で埋め尽くされた現場で働き、先人の目よりも上司や同僚の目のほうが気になり、中国に占領される未来よりも他人に批判されることを恐れる日本人男性が「見て見ぬふり」で放置し、拡大させていく同胞意識と国家観なき経営は、最新のテクノロジーやデータと融合して自損型輸入をハイテク化させ、将来、私たちが予期できないような悲劇を日本経済にもたらすかもしれません。

第三章

令和によみがえった「満蒙開拓団」

「マネートラップ」にはまる日本人

医師がメスを持てば人助けの道具になり、暴漢が刃物を持てば犯罪の道具になるように、ビジネス手法も同胞愛や人間愛があれば偉大な社会貢献の道具となり、利益欲しかなければ産業と経済を自壊に導く凶器となります。前作で解説した開発輸入は国連によって世界的な経済問題の解決策として発案され、日本で自己破壊的な貿易の武器となりました。その開発輸入が、近年、さらに日本的な変化を見せているので、本章ではまず「協調開発輸入」と呼ばれる手法を紹介します。

一般的に、協調という言葉に悪い意味はありません。人や会社の関係においても良い意味で使われ、したがって、開発輸入を「協調して行う」と聞けば、良いことのように思えてきます。しかし、残念ながら歴史を見ると、私たち日本人が響きの良い言葉や意味が曖昧なカタカナ、外来語を使う時は、後ろめたい動機や裏の意図が潜んでいることもあると警戒する必要があります。

協調開発輸入とは、日本人の生産者、技師が中国や東南アジアに移住し、そのまま現地で栽培、加工などの生産活動に直接従事する貿易手法を言います。つまり、定期出張や初期段階だけの現地指導によって現地生産を行うのではなく、定住して日本向けの農産品や加工品を作る開発輸入です。

協調開発輸入は、まだ正式な貿易用語としては確立されていない若い言葉で「業界の方言」に過ぎませんが、セミナーやプレゼンでこの言葉を使用する業者も数社あり、また、言葉の前に現実がすでにそうなっている取引もあり、私も九州でこの貿易に関係している知人が二人います。

一人は中国に年間三、四回ほどの長期出張を行い、一回の滞在は二、三ヵ月で、ほぼ中国に移住したといってよい状態です。もう一人は露地野菜や根菜を栽培し、新たな冷蔵技術を教えて日本向けのコールドチェーンを作るため、長年中国に住んでいます。ここでは一人目のイチゴ栽培の事例を紹介します。

皮がなく果実が露出したイチゴは、冷害や虫の被害を受けやすく、他の果物に比べても農薬の残留度が高く、小さくてかわいらしい見た目の割には栽培がとても大変な果物です。このイチゴの減農薬栽培の方法を、私の知人は中国人農家に教え、中国で栽培したイチゴをジャムや業務用食材の原料にして、日本の加工食品メーカーに仲介しています。

彼は私に食品機械の相談に来た際、「中国では日本で挑戦できない農業に挑戦できる」、「中国は発展して人情が失われたというが、内陸部にはまだ純朴な青年も多く、彼らの目には日本の若者の目から失われた輝きがある」、「この前は私の誕生日をリゾート地で祝ってくれ、人生で経験したことがないくらいの接待を受けた」と自慢気に話してくれました。

中国企業が顧問としての彼に支払う技術指導料は日本での報酬の二倍以上で、しかも渡航費、宿泊費、食費、交通費も全て中国側が負担しているそうで、彼はそれを自分のすごさの結果のように嬉しそうに話していましたが、私は「これがよく聞く、ハニートラップならぬマネートラップというやつだな」と感じ、彼がトイレに行く時にテーブルに置いていた資料を見て「協調開発輸入」という言葉を知りました。

すでに西日本で数社の事例を確認したこの手法は、「広大な農地でダイナミックな農業」、「現地の意欲ある青年たちと夢のある農業」、「日本向け輸出で大きな安定収入」などと謳《うた》って事業者、専門家、スタッフが勧誘されます。私は、こうした業者が作った資料を目にしたとき、「あっ、これはまさか」と思い当たるものがありました。「満蒙開拓団」です。

人口が増えても減っても中国頼み

「満蒙開拓移民政策」とは、戦前の昭和七年に当時の満州、内モンゴル、中国の華北地域に日本人の農業開拓移民を大規模に送り込んだ国策で、開拓団に参加したのは、世界恐慌で疲弊《ひへい》した地方の農村の青年たちでした。

現代の日本の農村は少子化という人口減少に苦しんでいますが、当時の農村は反対に子供が多く、増えていく人口を養えなくなったことから、当時の日本政府が大規模かつ長期的な大陸移民政策を策定し、昭和二十年の敗戦までの十四年間で約二十七万人が大陸に渡りました。のち、日中関係が緊張してくると、「満蒙開拓青少年義勇軍」が組織され、その内の約四万七千人が関東軍に徴集され、苦難の逃避行に遭遇した史実はよく知られているとおりです。

私はこの頃の歴史に昔から興味があり、また、母方の親戚が満州引揚者だったことと、私の自宅そばの博多港に引揚者の記念碑があることから、満蒙開拓団を身近な史実として感じてきました。

わが国の戦後に深い傷跡を残した中国残留孤児、北方領土、シベリア抑留という重大事件は、いずれも敗戦直後の短い期間に発生しており、この頃に書かれた本や当事者の手記を読むほど、当時の世相と東アジア情勢の混乱には驚くばかりです。

この大規模な国策を指揮し、「満蒙移民の父」と呼ばれた帝国陸軍の東宮鉄男《とうみやかねお》（一八九二〜一九三七）と、農業政策を担当した農本主義者の加藤完治（一八八四〜一九六七）が戦わせた議論を以前読んだことがあるのですが、軍主導の移民政策とそれを批判する農本主義者の主張が真っ向から対立し、移民たちの現実や期待を顧みない強引な政策が次々に実行されていった過程を知って、私はその杜撰《ずさん》さに驚きを隠せませんでした。疲弊した故郷から、政府が宣伝した「黄金の理想郷」を目指して大陸に渡った農民たちは、口々に「話が違う」と驚き、そして気力を失っていき、最後は自暴自棄になって武装し、「日本人の開拓移民は中国の匪賊《ひぞく》よりも恐ろしい」と言われた悲しい事例もあったといいます。

戦前の移民政策には戦争が色濃く反映されていたので、現在の民間主導の協調開発輸入と同列に論じることはもちろんできませんが、満蒙開拓団も協調開発輸入も、「日本の農村の苦境」という問題を発端とする主観的な危機感から始まったことを考えると、私にはこの新たな開発輸入に明るい未来が待っているとは思えません。

戦前のわが国の農業は現代ほど機械化されておらず、また、農薬や化学肥料の利用も少なかったため、増えていく人口を養うだけの収穫量がありませんでしたが、現代のわが国の農村は「育てた作物が生計を維持できる価格で売れない」という問題で苦しんでいます。

いわば、戦前が「買いたいけど作れない農業」だったとすれば、現代は「買わないから作れない農業」だと考えると分かりやすいでしょう。つまり、同じ苦境でもその原因と構造は真逆で、現代の一次産業には国内の需要喚起で解決できる問題も多いはずです。

それを、「日本の農村は疲弊し、収穫物の売価も低迷し、農家も高齢化し、担い手も不足しているから」と言って、農家ごと中国に移住させ、中国人農民と一緒に作物を育て、安価な農産物や加工品を日本に輸出するというのでは、日本国内の農家を余計に苦しめる結果にはならないでしょうか。

そもそも、日本各地の農村が現在の苦境に陥った第一の原因は、日本人による安価な農産物の自損型輸入にあったのではないでしょうか。いくら耳あたりの良いことを言っても、協調開発輸入における日本人の出張や移住は、かつて八代で、い草を畳表に織るための機械を浙江省に大量に送ったのと質的に全く同じことを「人間」でやっているだけではないでしょうか。

満蒙開拓団では、満州で収穫した作物を満州に移住した日本人が食べ、現地の中国人、モンゴル人、朝鮮人、満州人にも販売しました。一方、協調開発輸入は、中国で日本人が生産に関わった農産物を日本向けに輸出しており、満蒙開拓団とは質的に異なります。

そもそも、協調という言葉は、誰と誰との間の協調なのでしょうか。日本人農家と中国人農家の協調でしょうか。日本と中国の協調でしょうか。あるいは、この事業を運営する業者と日本人農家の協調でしょうか。一番考えなければならない「日本人同士の協調」は、どこにあるのでしょうか。

本来あるべき協調とは、輸入依存度を減らして自給率を高めるため、地元で段階的に地産地消を盛り上げ、買い手と売り手の協力で生産力、収量、出荷金額を安定させていくことなのではないのでしょうか。海外を考えるのは、その後であってもよいはずです。

私は協調開発輸入という言葉を初めて目にした時、協調という言葉の主語と目的語、そして具体的な内容が分からなかったため、前作で触れた「補償貿易」という言葉を初めて目にした時と同じような違和感を抱きました。そして、日本人が一見分かったようで分からないような、響きだけは良さそうな言葉で自分の仕事や行為を説明する時は、往々にして、言葉本来の意味とは逆の独善的な動機や目的が潜んでいるケースが多いという思いを再び深めました。

「新時代の持続的な農業」を謳うこの新手の手法が、結果的に安価な農産物の輸入量をさらに増大させ、日本各地の農村の自壊と自滅を加速させるなら、それは協調ではなく、持続的でもなく、「非持続的な自殺型開発輸入」と名付けるべきでしょう。

「アンチ・ダンピング措置」の限界

開発輸入に関する話題をもう一つ紹介します。

前作で自損型輸入の被害を知った知人から、「安すぎる輸入品が国内産業に被害をもたらすなら、ＷＴＯ（世界貿易機関）に反ダンピングで訴えればいいんじゃないですか」という声を聞きました。

私が彼に「ダンピングの定義を知っていますか？」と聞き返すと、「不当廉売のことでしょう？」と言われたので、「確かにそうですが、アンチ・ダンピングでＷＴＯに提訴できる条件を知っていますか？」と再び尋ねると、彼は「え…価格が異常に安すぎる、とかですか？」ということでした。

自損型の性質を持つわが国特有の輸入問題がややこしい理由は、この「アンチ・ダンピング措置（AD措置）」という、WTOが認める正当な対抗措置が使えない構造にもあります。

WTOでは、AD措置が適用される条件を、「輸出国（例・中国）の国内価格よりも低い価格による輸出（ダンピング輸出）が、輸入国（日本）の国内産業に被害を与えている場合に、その価格差を相殺する関税を賦課《ふか》できる措置」と定めています（経済産業省ウェブサイト「貿易救済措置」）。

これを読めば一目瞭然であるように、AD措置に訴えるための基本条件は、輸出国（この場合は中国）の国内市場で、日本に輸出されている品目と同じものが流通していなければなりません。畳を例に取れば、中国国内でも同じ畳が一般販売されていなければなりません。しかし、畳は日本固有の建築資材であり、当然ながら中国の住宅では使用されていません。つまり、「輸出国の国内価格」という、大前提となる比較対象自体が存在しないのです。AD措置の申請のためには、

一、輸出国内の流通価格より輸出価格のほうが低い
二、安価な輸入品が日本国内の産業に損害を与えている
三、「一と二の間の因果関係」を証明できる

という三つの条件を満たすことが必要で、これらが認定された時に、初めてダンピング品に相殺関税を賦課することが認められます。

しかし、自損型輸入は「日本企業が、日本にいる日本人消費者のために海外で企画、開発、製造し、日本市場だけで輸入販売する」という特殊な形態の輸入です。したがって、「中国による輸出」ではなく「日本企業による輸入」を通じて安価な輸入品が流入し続け、私たちは津波に飲み込まれる町を眺めるように、国内産業が激安津波に押し流される光景を黙って眺めるしかないのです。

一般消費者にとっては、中国産、中国製と書かれた食品や雑貨があれば、「危なそう」と思うだけでしょうが、貿易マンの私は「輸出されたのか？　それとも輸入されたのか？」と考えます。

私が雑誌、講演、勉強会で自損型輸入を論じる際に「中国への批判は的外れだ」、「安全性の批判や感情的なナショナリズムで対処しても効果はない」、「これは経済政策で対処できるレベルを超えた、経営と消費のモラルハザードとも言うべき文化問題だ」と力説しているのは、自損型輸入が、世界最大の貿易協定でも想定されていない日本特有の構造を持っているからです。このことは、「自国の技術や設備を海外に持ち出してまで、自国の産業を安価な輸入品で攻撃するような国があることは、国際常識では考えられない」という事実の証明だと考えることもできます。

ベトナムで製造されて日本に輸出される、日本人だけにニーズがあるニトリの家具もこれと同じです。インドネシアで製造され、日本の狭い住宅で人気を集める小型の棚「カラーボックス」も、これと同じです。「職人の店」を謳うワークマンが輸入販売する、日本の職人だけが使う独自の工具や装備品も同じで、同社は自慢の「直貿（直接貿易）」を通じ、AD措置の条件に抵触しない手法で激安の作業服、工具、備品を供給し、結果として全国の職人たちを廃業へと追い込んでいると言えます。

彼らが最初からAD措置の抜け穴を知っていたかどうかは分かりませんが、結果的に国内制度や国際協定の網の目をかいくぐる巧妙な手法でピンポイントに自損型輸入を手掛け、私たち消費者がそうした商品を買い漁ってきた事実を、みなさんはどう受け止めるでしょうか。

国内産業の持続性には無関心を決め込む自損型輸入業者が、いつも製造国の人件費ばかり気にしているのは、WTOの規制を回避できるこのビジネスモデルの持続性を気にしているからです。

中国、東南アジアの生活レベルや物価水準が上がって、対日輸入している製品が現地でも使われ始め、その価格が日本向けの輸入価格よりも高くなった瞬間、彼らはその品目の輸入ができなくなり、もっと人件費が低い生産拠点を探さなければならなくなります。もちろん、コスパが悪くなった現地の労働者たちも全員解雇です。

やはり、どこからどう見てもサステナビリティを欠いたビジネスモデルと言わざるを得ず、「ＳＤＧｓ」や「循環型経済」を謳う資格が皆無の経営手法です。

彼らは最近、「我々の店には国産品もある」とか「我々は日本だけで売っているのではなく海外展開もしている」と主張して、伝統ある陶磁器や織物とのコラボも行っていますが、そんな小手先の小細工を見て安心してはいけません。自損型輸入の防止には、私たち消費者の文化レベルでの成熟と、健全な同胞意識の回復が不可欠です。

「加工再輸入減税制度」の盲点

また、最近では、機械や技術を海外に送り込む開発輸入、人間そのものを海外に送り込む協調開発輸入に加えて、「原材料そのもの」を海外に送り込む新たな開発輸入も地方の中小企業の間に広がってきました。それが「加工再輸入減税制度」という制度を用いた輸入手法です。

税関のサイトには、この制度の説明として「加工再輸入減税制度とは、我が国から輸出された特定の原材料が、外国で加工又は組立てられた後、その原材料の輸出許可の日から原則として一年以内に特定の製品として輸入される場合、その製品に係る関税のうち原材料価格相当分の関税を軽減する制度です」という記述がありますが、ピンと来ない方もいると思うので、実例を見ましょう。

私は二〇二一年、福岡の伝統工芸品である博多織の生地を中国に輸出したいという珍しい相談を受けました。なぜ珍しいと感じたのかというと、その相談が貿易関係者ではなく、主婦から持ち掛けられたからでした。だから私は、「この人は中国に日本の生地が好きな友人でもいるのだろうか」、「中国人が博多織を使った財布やカバンを作るのだろうか」と考えたのですが、彼女に尋ねたところ、「中国でバッグや小物を作って、それを日本に輸入して売る」ということでした。

彼女は博多織の関係者と話していた時、たまたま「小島さんという、語学が得意で貿易に詳しい知人がいる」と言ったところ、「じゃあ、その人に聞いてきて」と言われただけでしたが、私は「博多織でそんなことをする人間が福岡にいたのか」と感じて、一抹の不安を抱きました。

加工再輸入減税制度とは、まさに、この「日本製の原材料」としての博多織の生地を海外でバッグに「加工」して、再び日本に輸入した場合、その「再輸入」が原材料の輸出から一年以内に行われれば、輸入関税を「減税」できるという制度です。簡単に言えば、福岡で博多織のバッグを作らずに、中国に博多織を輸出して日本より安くバッグを作ってもらい、それを一年以内に博多港で荷揚げすれば、その輸入関税を減らして優遇してあげましょう、という日本政府が認めた制度です。

私に相談に来た主婦は、当然こんな制度を知りません。また、この制度を知った中小企業には、「日本の原材料が海外で利用されれば、それだけ輸出の商機が増えるから、いいことだ」と素朴に考えて、「うちも輸出を頑張ろう」と喜ぶ経営者もいます。

しかし、この制度の問題点は「完成品を再輸入した時に輸入関税が軽減される」という部分にあります。結局、日本より人件費が低い国で製品を作るわけですから、最終完成品の価格競争力は、当然ながら純国産の製品よりも強くなってしまいます。

皮革製品や靴の業界団体では、「この制度を活用することで、外国の安い原材料を使った輸入品に対する競争力を高めることができるのでチャンスだ」と書いているサイトもあり、確かにそういう一面もあります。また、熊本でも、畳を活用したインソールをインドネシアの靴工場に輸出し、完成したビジネスシューズを日本に再輸入している事例があります。大分でも、古い着物を集めてベトナムに送り、ファッショナブルなアイテムを製造して再輸入している事例を見ました。しかし、最終的にはどの完成品も、純国産の製品に対する値下げ圧力を及ぼす点では変わりません。

博多織の生地を輸出する時点では、確かに中国から輸入代金が入ってきますから「メイドインジャパンを輸出したぞ」と胸を張れるように思えます。しかし、それを使って生まれた製品は日本で販売され、国産の博多織バッグに打撃を与えるのですから、結局は博多織同士の小さな内戦を仕掛けているだけです。国内産業の問題を解決するどころか、問題を余計に複雑に、不透明にしているとしか思えない制度です。私には、こうしたブーメラン的な仕組みを財務省と経済産業省が「中小企業活性化パッケージ」として制度化していることが不思議でなりません。

「本当の受益者」が見えない制度

同じく福岡の会社から、水産加工品に関する輸出相談も受けました。この会社は「九州各地で獲れたアジ、サバをベトナムで加工できる工場を紹介してほしい」と尋ねてきたので、私が「加工して、どうするんですか」と尋ねたところ、「もちろん、日本に輸入して売ります」と言いました。私は即座に「そんな話なら、対応しません。私は自分の信念に反するその種の輸入だけは、絶対にやらないと決めています」と回答し、面談自体を打ち切りました。

博多から数キロ沖合の玄界灘《なだ》で獲れたサバを、博多から三千キロ離れたベトナムに運んで切り、骨を取り除き、袋詰めして、再び博多まで三千キロ運んで輸入し、九州各地に販売するという、この異様な流通構造。この会社が減税制度を活用するのかどうかは知りませんが、要は、現地加工と往復六千キロの物流を経てもなお、国内加工のサバより強い価格競争力を保てるということなのでしょう。

そうして国内のスーパーに並んだサバの切り身には、「原材料（さば）国内産」、「原産国ベトナム」という不可解な産地表示が小さな文字で記載されており、その文字を見る前に「国内産さば使用」という大きな目立つ文字が目に入るデザインになっています。法律上は問題ない表記ですが、主婦の友人数名にこのラベルを見せると、「誤表記ですか？」、「結局、国産ということですか？」と一様に当惑した表情でした。

そこで、私が貿易の仕組みを説明すると、「なんだか、書き方が卑しくて嫌になっちゃうわね」、「私ははっきり国産と書いた魚を買います」とのことでした。他にも家具、靴、衣料品、キャンプ用品、子供用品の事例がありますが、どれも似たり寄ったりの内容でした。

私がこれらの相談を受けるたびに抱くのは、「加工再輸入減税制度とは、そもそも、誰のどんなメリットを見込んで作られた制度なのだろうか」という疑問です。業者は「メイドインジャパンの原料を世界に」と言いますが、結局、その完成品の輸入関税は「日本産の原材料が使用されている」という理由で日本政府により合法的に軽減されるわけですから、これらの再輸入品がもたらす問題は、自損型輸入商品がもたらす問題とほぼ同質です。

貿易業界では、「原材料が日本国内で全く売れないよりもいいじゃないか」、「グローバル化の時代だし、どこも人手不足なんだから、できることを国際分業しあってもいいじゃないか」と主張する業者もいます。しかし、それは彼らがこの仕組みに関わって儲けたいから言っているだけの言葉に過ぎません。

彼らは「グローバル化」という言葉が大好きですが、最終完成品の販売地が日本で、輸入の結果、国内の農家、漁師、職人、メーカーがより困窮するなら、それは「国内問題」であり、前作で述べた「日日経済内戦」です。

私は「産地が作った完成品が日本国内で適正価格で売れない限り、この問題の根本的な解決はない」と考えており、中途半端な制度はかえって事態を混乱させ、悪化させると考えています。結局は日本国内に存在する問題を、外国を都合よく利用して先送りしようとしている点においては、協調開発輸入も加工再輸入減税制度も、満蒙開拓団と基本的に変わりはありません。

こうした弥縫策《びほうさく》を続けていけば、そのうち、各地の貴重な文化である伝統工芸の原料、材料、製法、活用方法まで海外に流出し、模倣され、最後は観光業やシーインのように、日本産の原材料が締め出されて、亜流の博多織、美濃焼、輪島塗が国内外に溢れかえるかもしれません。

現代日本の財産である技術や機械をことごとく海外に持ち出して貧乏になってもまだ目覚めず、今度は過去の貴重な遺産である伝統工芸とその原材料までも海外に売り飛ばしてしまったら、私たちはもはや、日本人ではなくなってしまいます。歴史と伝統に対して、そして過去と先人に対して、ここまで無礼で苛酷《かこく》な仕打ちを行ってまだ事の深刻さを自覚できないのも、やはり私たちが国家観と同胞意識を失ってしまったからで、過去を捨てた国に未来が訪れるはずがありません。

伝統工芸は私たち日本人が誇るべき文化ですが、狭義の伝統工芸とは、経済産業省の認定を受けた、地域性、歴史性、独自性が高い工芸品を指します。ですから、ビジネスの世界で伝統工芸という言葉が使われる時は、端的に言ってその意味は「産業としての自活力を失った昔の生活用品」と同義語です。

人間の生活様式は時代とともに変化するので、暮らしを支える様々な道具とそれを供給する産業に盛衰が伴うのは普遍的なことです。しかし、現代の日本では「伝統工芸を守ろう」と主張しながら、その結果、まだ自活できている産業を伝統工芸に追いやるような経営を行って、しかもそのことを自覚していない業者も少なくありません。

協調開発輸入という虚飾。AD措置を巧妙に回避した経営手法。加工再輸入減税制度というブーメラン政策。満蒙開拓団は、青年が不足すれば中年を増やし、独身者が問題を起こせば家族移民を増やし、ある作物が育たなければ別の作物に切り替え、対ソ関係が緊張すれば関東軍に編入して付け焼き刃的な軍事教練を施すという形で、最初から最後まで場当たり的でその場しのぎの対策に右往左往しました。そして、当時の陸軍、拓務省《たくむ》、鉄道省、商工省が内輪揉めの暗闘を繰り広げながら、国民もメディアも事態の全体像と自分の座標軸を見失って、悲劇の結末を迎えました。

現代の貿易政策も、戦争で人が死んでいない点がましなだけで、問題の本質と対処の姿勢は戦前と大差ないように見えます。もしかしたら、満蒙開拓団は今もまだ続いているのかもしれません。

なぜ私たちは、いつになっても「全部、日本でやってみようじゃないか」という、明治期の先人たちが素朴に覚悟したような、本質的な部分に責任を持った決意に立ち返ることができないのでしょうか。

「安売り」という麻薬

私が貿易と関税の恐ろしさを人生で初めて考えたのは、高校の世界史の授業でアヘン戦争について知った時でした。その衝撃から、私は英仏が当時行った戦争について高校生なりに調べ、それがきっかけで、将来は語学と国際経済を学びたいと思い、大学では国際経済学科を選びました。

アヘン戦争がそれまでの戦争と異なる点は、敗戦国が領土ではなく関税自主権を失った点にあると私は考えています。麻薬を流入させて多くの中国人を廃人にしたとか、中国人を犬同様に扱ったという、イギリスの非人道的な行為も糾弾されるべきでしょうが、私が抱いたのは「広大な領土を割譲《かつじょう》させるよりも利益がある関税とは、何だろうか」という素朴な疑問でした。

アヘン戦争後の南京条約で関税自主権を失った清国では、イギリスがインドで作らせた綿製品が大量に流入した結果、清国の綿製品、つまり現代でいうところのアパレル製品が価格競争力を失い、中国大陸の伝統ある手工業が崩壊しました。また、同時にイギリスがインドから大量に流入させたアヘンの代金として清国の銀がみるみる流出し、極端な貨幣不足から長期のデフレが清国の強大な経済力を衰退させていきました。

このことが清国の消費者の購買力を引き下げて農産物の価格も下落し、疲弊した軽工業者や農民が起こした反乱が「太平天国の乱」であったことは、世界史で習ったことでしょう。

この時、イギリス側に寝返ってイギリス製品を輸入販売し、アヘンの流通に手を染めた清国人は「漢奸《かんかん》（国賊、売国奴）」と呼ばれ、同胞からの激しい憎悪と侮蔑の対象となりました。

現代のわが国には「麻薬が特定の国から大量輸入される」「真っ昼間から、麻薬中毒者の集団が路上で座り込んでいる」という当時の清国のような事態は存在しませんが、その代わり、自損型輸入業者という現代の漢奸が、自らわが国の合法的な関税制度の盲点を突いて国産の壁を破壊し、「安さという麻薬」を日本全土に蔓延《まんえん》させてきました。

その結果、コスパ病という消費のアヘン中毒に陥った依存症患者たちは、「安いのに高見え」、「コスパ最強」、「私は賢い」という快感を自分に味わわせてくれ、支出の痛覚を軽減させてくれる現代のアヘンを求めて、ますます漢奸に依存し、賛同し、購入を続けています。

清国はアヘン戦争によって経済の主権を奪われましたが、現代日本の私たちは自損型輸入とコスパ病によって、自ら経済の主権を放棄し、喪失しつつあります。

結局、国力が弱体化した清国はほどなくして滅亡し、その後に中華民国を経て中華人民共和国が建国された激動の歴史は、誰もが知る通りです。また、その間に農村が困窮したわが国が満州国を建国し、国内問題の解決を満州に託したのも前述の通りです。

私は貿易業務の傍ら、激動の十九世紀末からソ連崩壊に至る約百年間の歴史に関する国内外の本を多く読んできましたが、世界史のどこを探しても、また、世界のどの国を訪れても、自国民が自国を攻撃する製品を海外で作って輸入販売し、自国と同胞を貧困化させる活動をマスコミが礼賛し、国民もそれを支持する、という事例を目にしたことがありません。

本業である貿易の分野に問題意識と題材を絞って調べ続けてきた私は、次第に「業者はもちろん、マスコミも消費者も、そして政府もコスパ病という麻薬に汚染され、経営と消費のモラルハザードが常態化し、正常な現実認識と状況判断の能力を失ってしまった現代日本のこの異常な状況は、もはや経済政策で対処できるレベルを超えている」という結論に達し、この状況を深刻な文化レベルの問題だと考えて、前作を執筆するという決断に至りました。

本章と前作で述べてきた、貿易現場に存在する日本特有の問題は、確かに、安価な輸入品をわが国に溢れさせた原因です。しかし、もっと深い部分に潜む日本特有の問題が貿易分野に現れた結果、私たちの消費行動と日本の産業構造がこうなったと考えることもできます。

つまり、貿易面と日本経済に顕在化した諸問題は実は氷山の一角に過ぎず、その他の分野にも、海水温上昇により深い水中でひび割れを起こしている氷壁のように、深いところで崩れ始めている部分があると思うのです。

この問題の真因を探るべく、第2部ではしばらく貿易の舞台から離れ、前作で書かなかった思想、文化、教育、歴史を話題に、五つの章に分けて私たち日本人の内面を見つめてみたいと思います。

第2部

コスパ病を生んだ日本経済の病理

第四章

コスパ病と「タイパ病」

若者が教えてくれた新しい言葉

コスパとは本来、お金を払って求める満足度をはじめとする各種の効用、効率のことです。少ない支出、投資でより高い効用、見返りを望むこと自体は、何ら悪いことではありません。「more with less（より少ない努力で、より多い結果）」を望むのは人間の本能で、この行動原理が人類の歴史において様々な文明や発明を生み出し、私たちの生活と仕事に大きな変化と利益をもたらしてきました。

そう考えると、自分を痛めつけてまでも安さを追求するコスパ病は、能率の追求が人間の本性に根差すからこそ発生、拡大、定着がこうも短期間に起きた事態だと考えることもできます。そして、「より少なく」という願望はお金だけではなく、時間や空間にも及びます。

そこで本章では、能率の基本的な要素である時間に対する私たちの態度を見つめることで、コスパ病の種を胚胎《はいたい》させる心理的な基盤について考えてみましょう。

「タイパ」という耳慣れない言葉に初めて接したのは、昨年の秋頃でした。若者が私に教えてくれたタイパとは、「タイム・パフォーマンス」を略した、コスパの兄弟のような言葉です。

その意味は、投下時間や所要時間をできるだけ切り詰めて自分が望む成果を得ることで、語感的には、お金に対してコスパという言葉に期待する結果を、時間に対して求める時に使うようです。

なぜ、私が現代社会の新しい言葉を採り上げたかというと、私は昨年から、知人や新たに出会う人たちから、「小島さん？　あ、コスパ病の人ですね」と、前作のタイトルが話題になった紹介を受けるようになったからで、同じ「パ」つながりなら、お金だけではなく時間についての自分の見解もまとめておくと、『コスパ病』の著者としてバランスが取れると思ったからです。

タイパという言葉は、昨年（二〇二二年）の「新語・流行語大賞」にも選ばれたそうですが、自分ではまだ使ったことがなく、使う状況も自分の生活の中では見当たりません。若者たちから使用例や語感を聞いて、「なるほど、そういうものか」と分かりましたが、意味としては別段、新しいものはありません。

タイパとは、例えばユーチューブの動画を倍速で見たり、ネットフリックスやアマゾン・プライムの動画を早送りで見たり、珍しい例では音楽のイントロ部分を飛ばして本編から曲を聴いたりと、そういう動作の説明に使われるそうです。

もう一つの用例は、これは昔からありますが、受験や資格の勉強、大学のレポートなどを効率的な準備で素早く済ませたり、面倒な掃除や皿洗いを「時短アイテム」で簡便化したり、夕食を冷凍食品だけで済ませたり、手っ取り早く体重が減るように少々無理なダイエットをやったりというふうに、望む最大の成果を得るための投下時間、投下努力をできるだけ削減することも意味しており、こういう処世術や実践ノウハウに長《た》けた人を「タイパがいい」と言うようです。

ダイエットと外国語学習で考える能率

時間と能率の関係について、誰もが体験があって実感しやすい運動と勉強を題材に、私の個人的な話題も紹介しながら考えてみたいと思います。

私はよく、友人から「いつも忙しそうですね」と言われます。別にそんなことはなく、貿易の仕事をしながらこうして執筆に割く時間もあり、毎月二百キロ走って毎日の筋トレも続けており、毎週末は学生サークルでのゼミを二十年間にわたって千回以上続けています。得意な外国語の勉強も大学中退以来、二十七年間続けており、今や翻訳は私にとって息抜きの趣味のようなものです。

同時並行でこれらをやることは、私にとって苦痛や大変さを伴うものではなく、楽しいから続けられているのですが、「いつもやっている」、「色々やっている」という点だけに注目すると、「忙しそう」と見えてしまうのかもしれません。

また、私は現在四十七歳と、同世代がそろそろ体型や健康を心配し始める時期にあるなか、ハーフマラソンを八十分台で走り、心肺機能は二十代前半並みにタフで、日頃から体を鍛えることが好きです。

そのため、最近はコロナ禍の中の不摂生や運動不足で太った人、栄養バランスを崩した人、健康状態が悪化して血管系の疾患を発症してしまった人から、ダイエットの方法や運動習慣の作り方に関する質問を多く受けるようになりました。今ではそうした質問が、これまで私への質問で最も多かった「外国語の学び方」よりも多いほどです。そして、それらの質問に接するたび、いかに多くの人が時間というものをコスパ病のように捉えているかを知り、コスパ病と「タイパ病」は同根同種の病気だと感じずにはいられません。

ダイエットと外国語といえば、日本人が最も苦手なものの代表で、いつの時代も書店でその年の最新のノウハウ本が並んでいます。どちらも長い間続けなければ結果が出ないし、好きな食べ物や好きな遊びも我慢しないといけません。それなのに、自分が欲しい結果はすぐには得られず、最初は挫折や失敗も多く、モチベーションを保てない人もいます。そのため、多くの人が「楽して手っ取り早く成果を手に入れたい」と望みます。つまり、タイパを求めます。そして毎回、実に九割近い人々が挫折し、延々と失敗を繰り返しています。

こう考えると、ダイエットや外国語に挑戦して望む結果を出せなかった人、決めた通りに続けられなかった人、かえって余計に太ってしまったという人は、自分に対して時間の浪費、自信喪失、苦手意識や劣等感の醸成、意欲減退といった時間的、精神的な損失を与える努力をしてしまったという点で、「時間の買い物で失敗してしまった」と言えるかもしれません。投じた時間が期待通りの成果に結実しなかったのなら、その時間と行動は「タイパが低かった」という証明です。

「投下時間の少なさ」は能率とは無関係

こういう人が私にダイエットと語学学習について尋ねる時は、必ずといっていいほど「できれば、最速最短で」という要望がくっついてきます。また、そういう人は「できれば最安値で」、「できれば無料で」というふうに、お金に対しても同じような考え方をするものです。

しかし、私の回答はいつも彼らの期待を裏切るようです。なぜなら、私は「最速最短が、一番能率が悪くて損ですよ」と、彼らには禅問答のように聞こえかねない言葉を返すからです。

私の回答を聞いて「スピードが最速で手順が最短なら、それが一番能率が高いという証拠じゃないか。小島さんは、一体何を言っているんだ?」と、顔をしかめて真意を確かめようとする人もいます。しかし、プロの迅速確実な仕事のような専門分野の出来事を除けば、やはり、最速最短を望む態度は「時間に対するコスパ病的発想」であり、すなわちタイパ病なのです。

まずダイエットについて、アスリートや栄養学の知識がある人は、そもそも、体重を目標に体型管理を行うような雑な考え方はしません。中年でありながら、アスリート用のサプリの専属ランナー兼公式アンバサダーを務めている私も、そんな考え方はしません。

人間の体が骨、脂肪、筋肉、血液、内臓、水分等で構成されている以上、「体重が減る」という物理的な現象は存在しないため、減量や体重管理においては、脂肪を減らす、筋肉を増やす、水分が減るといった個別の変化を把握し、必要なトレーニングを通じて、最適な体型を自然に保てる体組成を目指す必要があります。

無理してジョギングから始めれば、最初の数日はキロ単位で体重が減り、幸せな気分に浸れますが、それは多すぎた水分が脱落しただけです。また、無茶な食事制限や糖質制限で体重計の数字だけを減らそうと思えば、最初の数ヵ月は目覚ましい減量効果を得られますが、それは脂肪と同時に筋肉も失ってしまった結果です。要するに、自分が減量していると思い込んでいる方法で基礎代謝量まで減少させてしまい、「もっと太りやすい体を作ってしまった」ということです。

だから私は、筋肉を適正量に保つことを優先し、まずはふくらはぎ、大殿筋、僧帽筋、広背筋など、大きな筋肉を高めの負荷でじっくり鍛え、日常生活で基礎代謝を高く保てる体型を作ります。その後は有酸素運動、私の場合はランニングで最大酸素摂取量（VO2Max）を高め、血流と体温を良い状態で保てる心肺機能を獲得して、「体が勝手に余計な脂肪を遠ざける」という体質を作ります。そして、体型と体質のバランスが生まれたら、そのあとに体調を管理します。

なお、体力や体調の把握のために、私は毎回のランニングで距離、時間、スピード、心拍数、VO2Max、歩数、歩幅を計測しており、毎月それらのデータを分析して、理想的なスピードをもたらす走り方と練習メニューを改良し続けています。そして、それらの数値を正確に計測し、練習のパフォーマンスと結果を高めてくれるシューズ、時計、アイテムは、私の健康状態を最高レベルで維持してくれる必須アイテムなので「いくらかけても安い」と思っています。

このようなことを重視しているため、私のボディメイクの初期段階では大きくて重い筋肉が増えて、体重も増えます。それが適度な減量のために望ましく、また、そうして本質的な部分を大切にして丁寧に作り上げた体は、リバウンドなどという現象とは無縁だからです。私にとって価値があるのは「早く減った体重」ではなく、「今後長い間、太らない体と最高の仕事をする血管」を手に入れることで、それを実現し、維持することこそ、真の時間のパフォーマンスだと考えています。

次に、外国語学習について。

私は複数言語を話せるマルチリンガルで、前作の英語版、韓国語版も自筆で書き上げました。マレーシアに行けばマレー語だけで商談ができますし、インドネシアも難しい語彙《ごい》を除けばインドネシア語だけで訪れ、輸出を行ってきました。タイ文字、アラビア文字も読めますし、ロシアのキリル文字も読めますが、意味はあまり分かりません。しかし、セルビア語とクロアチア語の素養があるので、スラブ系言語の基本単語に関しては、想像によっていくらか意味を掴むこともできます。

こう書くと、生まれつき環境的に恵まれていたのだろうとか、元々才能があるのだろうとか、あるいは人より耳が良いのだろうとか、様々な憶測を呼びますが、私は生粋の日本人で、母子家庭育ち、大学中退で学校の教育環境は恵まれていたとは言えず、また、社会に出るまで博多弁だけで生きてきた人間です。

そんな私が、外国語を学習する際に絶対にやらないのは、「単語の記憶」です。なぜなら、知識の受け皿がなく、想像が働かない状態で単語を頭に入れると、決して頭脳に定着しないからです。

だから私は、どんな言語を学ぶ時も、最初は全ての品詞を網羅した二五〇〇単語のリストを作り、必要な文法項目のリストに従って、全ての単語を用いた「読んでワクワクする例文」を自作します。学ぶ内容に鮮明なイメージが伴っていれば、個々の単語を記憶するよりも先に全体に対する理解が存在しているからです。

そうして、必要な項目を網羅した短文をつなげて物語を作り、ネイティブの友人にチェックしてもらい、最後にＴＴＳソフトウェアで音声ファイル化します。あとは聞き続けるだけ。

このオリジナル自習教材が完成するまで、私は一個の単語も記憶しません。記憶する必要がなく、そんなことに注力するのは時間の無駄だからです。それはダイエットでいえば、「必要な筋肉が育つまでは、体重が何キロ減ったかなど、全く気にしない」というのと同じです。

この、最初の数ヵ月に「無学習」の地道な準備を要する私の学習法の素晴らしいところは、何年たっても忘れないことです。私にとって価値があるのは「受験や資格試験のために速習で詰め込み、すぐに忘れる使い捨ての勉強」ではなく、「一度学べばずっと忘れず、実際の使用を通じて能力が強化され、海外ビジネスの現場で取引成立という結果を出せる語学力」だからです。

ここまで、ダイエットと外国語学習を事例に話してきて、お気付きのことがあるかもしれません。タイパを求める人が投下時間、所要時間に「最速最短」を求めるのに対し、私はそれを全く重要視していないどころか、最速最短という考えを注意深く排除し、避けているということです。

タイパを求める人は「二ヵ月で五キロ痩せた」、「三ヵ月でTOEICが二〇〇点上がった」というふうに、「いかに速く成果を手に入れたか」を気にし、比べ、誇り、能率を評価します。

しかし私は、「得た成果がどれだけ持続したか」で能率を測定、評価するため、痩せるまでに要した時間や、成績が向上するまでに投じた勉強時間に関しては全く気にせず、考えません。

なぜなら、せっかく二ヵ月で五キロ痩せても、その後の半年で十キロ太ってしまっては、最初に投じた二ヵ月までも無駄に失ってしまうからです。半年で多くの英単語や文法を覚えても、その後の一年で全て忘れ、実践の場で使えなければ、それは最初の半年の勉強に投じた時間も失ってしまったという意味だからです。

つまり、自損型輸入商品に投じたお金が「使い捨て」でモノと一緒にすぐに消えてしまったように、自損型ダイエットや自損型外国語学習に投じた時間も、使い捨てで空しく失われたということです。お金は失ってもまた取り戻せますが、時間は取り戻せません。ですから、タイパ病はコスパ病よりも深刻な自損型疾患です。このことから、最速最短にこだわり、投下時間や投下努力に対する損失が気になり始めたら、「タイパ病の初期症状」だと言うことができるでしょう。

「苦痛や拘束時間をできるだけ少なくしたい」、「あわよくば、手っ取り早く楽に成果を手に入れたい」という欲望が物事を大局的、本質的に見る目を曇らせ、主観的には良いと思ってやっていることが、客観的には失敗や損失に向かって一直線、となってしまう点もコスパ病と同じです。そして、こういう考え方で失敗を繰り返す人ほど、いつも新しい方法を求めていながらも、根本原因については全く考慮しないところも、コスパ病とタイパ病が似ている点です。

つまり、タイパ病もコスパ病と同じく、少々酷な言い方ですが、不勉強、横着、傲慢《ごうまん》な怠け者が感染しやすいという性質を持っています。そうである以上、誰の中にも病根が存在しているので、私たちが勉強や運動に取り組む際には、謙虚さと素直さを大切にしたいものです。

思考を不可能にする「ビッグワード」

コスパ病とタイパ病の感染者の共通点は、もう一つあります。それは「ビッグワード」が会話の中に多いことです。ビッグワードとは、実際の思考や行動の目的とはなりえない大きすぎる概念を指す言葉で、例えば前出の例で言うと「体重」という言葉がビッグワードです。なぜなら、人体に体重という部位は存在せず、体重とは個々の部位の重量の合計に過ぎないからです。

だから、「体重が減る」という現象はあっても、「体重を減らす」という行動はできません。私たちにできるのは、筋肉を増やすとか、体脂肪を減らすとか、水分量を増やすとか、そういった現実的で具体的な、個々の小さな努力であり、こうした現実に即したスモールワードで思考を行ってこそ、結果の持続をもたらす再現可能な努力ができるようになるものです。

勉強もこれと同じで、ビッグワードで勉強を捉えては、勉強自体ができません。

例えば、「成績を上げたい」という言葉は典型的なビッグワードですが、保護者から「この子の成績を上げてください」と言われたところで、教師は何の受験指導もできません。なぜなら、「成績」という教科は存在しないからです。成績は五教科や七教科の点数の合計、その相対的な順位の総称に過ぎず、私たちが「上げる」のは、国語、数学、英語、地理、歴史、理科といった具体的な個々の科目の成績であり、より具体的には現代文、古典、証明問題、関数、文法、長文…といった個々の項目に対する理解度です。

そもそも、勉強であれスポーツであれ、仕事であれ芸術であれ、全ての行動は緻密に観察し、丁寧に行えば、必ず面白いようにできているものです。「痩せたか、痩せなかったか」という尺度では何の変化も成長も見えませんが、「昨日より腕立て伏せの五回目がきつくなかった」とか「昨日より単語がはっきり聞こえた気がする」といった小さな指標をたくさん設定すると、あらゆるところに変化や成長が潜んでいることに気付きます。

ダイエットに挑戦すると意気込み、数日で挫折したという人に会うと、「経営者はやっぱり時間が取れないね」、「人間、そんなにうまくいかないね」と口にする人がいますが、それもビッグワードです。原因は「自分が怠けた」、「私という人間が時間を作ろうとしていない」しかなく、そんな行動の反省の際に経営者、人間というビッグワードを出して責任転嫁をしてみたところで、現実を余計見えにくくするだけです。ビッグワードは、スローガンとして仲間を団結させる良い効果を発揮することもある半面、時には甘えと現実逃避の発露となることもあります。

どんな分野にしろ、熟達者は具体的かつ現実的な言葉で現象を説明し、自分の確たる理解と実感に基づいて語ります。熟達者の話が面白く説得力があるのは、等身大のリアリズム溢れる言葉で語られるからです。いっぽう、話が分かりにくい人やフラストレーションが溜まっている人の話は、本人にも手に負えないほどのビッグワードのオンパレードです。

例えば、自分の経済状態に対する不満を語る時に「自民党が悪い」、「民主主義の危機だ」、

「財務省を解体しろ」と主張する人がいます。自分のエゴを隠したいために「私たち女性は」、「私たち消費者は」と主語を不要に拡大させる主婦もいます。自分の人生に対する後悔や他人に対する嫉妬を知られたくないために、平等、人権、ジェンダーフリー、多様化といった響きの良い言葉で精神的優位に立ちたがり、巧妙に自己防衛を図りながら個人的な怨恨《えんこん》を晴らそうと企《たくら》む人もいます。

こうした、身の丈に合わない巨大な言葉は本人の認識と思考を不自由、不明確にさせ、行動を現実から乖離させ、相手や世間が自分の期待通りに動かないことに対する怒りや不満を強めます。

「憎むこと甚だしければ、即ち乱る（憎悪が過ぎると、正常な判断力を失って混乱する）」という古い言葉もあるように、ビッグワードで思考や会話を行うと、感情が激して怒りっぽくなり、ついつい声が大きくなり、いつも同じ話ばかりで周囲に飽きられ、言葉遣いが過激になり、粗雑な思考で恥ずかしい言説を垂れ流して無自覚になってしまうこともあります。

このような人は、大きな言葉で連帯できること自体に安らぎを感じてしまうこともあります。また、同じ対象を批判しあえるということだけで仲間意識を抱いてしまうこともあります。そういう人にとっては、「ワンワード」「ワンフレーズ」で現象を解釈し、物事を説明し、責任を転嫁し、全員で熱狂したり糾弾したりできるビッグワードは、非常に都合がいいものです。

以前、私がこのようなことを知人と話していたら、知人は「ワンフレーズで劇場型選挙をやった政治家といえば、やはり郵政民営化と自民党をぶっ壊すと叫んだ小泉純一郎だ。彼が重用したのが竹中平蔵だった。自民党はけしからん」と話が飛躍し、鬱憤《うっぷん》をぶちまけていました。私はそれを見て、「それがビッグワードというものだ」と思いましたが、もはや諭すこともできないほど、彼の話はエスカレートしていました。

政治の世界よりずっと小さい、私たちの日常生活の分野でも「最速ダイエット」、「これ以外捨てていい」、「超有料級」、「〇〇一択」、「〇〇が九割」…といった、努力の本来の価値を説かずに刺激的なフレーズだけで相手を釣ろうとする空疎な言葉が溢れており、書店でそんなコーナーに並ぶ本を見ると、私はプチプラ商品の売り場にいるような錯覚を感じることがあります。

コスパ病におけるビッグワードの典型は「コスパ」、「最安値」、「プチプラ」、「実質無料」などで、これらの言葉は何かを意味しているように聞こえて、その実、何も具体的な意味を持っていません。それどころか、思考を停止させてしまう力を持っています。

ところが、短く分かりやすく覚えやすい言葉を目にすると、それだけで自分が求める価値が込められているような錯覚が生じます。現代のビジネスでは、物事を分かりやすくすることや判断プロセスを極度に簡素化、画一化することに重きが置かれ、「分かりやすい商品＝売れる商品」とでも言いたげな軽薄なムードがありますが、分かりやすくなった結果、私たちがより賢明な消費を行えるようになったとは言えず、私たちがより豊かに、健康に、幸せになったとも言えません。

こういう言葉を日常的に浴びせられ、見聞きしているだけで、受け手の意識は徐々に「支出を極力減らすこと」に集中していき、そして、突然お店で目の前に安物が登場しただけで、「今買っておかなければ損するのではないか」という被害妄想めいた気分に襲われ、依存症のようにプチプラ商品を買い続けていくようになります。家に勉強法やダイエットの本が無数にあるのに、勉強にもダイエットにも自信がなく、結果も出ていないという人が、それでも延々と本やグッズを買い続けるという「ノウハウ依存症」に似ているかもしれません。

お金でも時間でも、こうした認識障害めいた症状が出るのは、「できるだけ安く」、「できるだけ速く」という恐怖、不安、焦りから条件反射的に、または群集心理に飲み込まれて現実に感情的に反応しているためで、本人は「自分は深く考えて合理的に行動している」と思い込んでいますが、実際は数日後に自分の購買動機さえ思い出せなくなります。

私は二十年間、大学生の就職活動を見てきましたが、不安から就職活動を行った学生の共通点として、「内定後に自分の志望動機を思い出せない」という心理状態が共通していることを知っています。「友達はもう内定をもらったのに、自分だけもらっていない」、「友達は志望業界を決めているのに、まだ私は決まらない」という不安からなんとなく志望企業を見つけ、なんとなく面接を受け、なんとなく話した志望動機で合格しても、それは自分の未来像と結びついた本質的な人生設計には根差していなかったため、自分の人生を託そうと思った会社でありながら、内定をもらった後に「なんでこの会社に行きたいか分からなくなった」と言い始めるのです。まるで、衝動買いした安い服を、数日後に「なんで自分がこの服を買ったのか分からない」と後悔する女子大生のように。

そして、そういう学生ほど「就活用語」には詳しく、ビッグワードで就職手続きを進めるのも共通しています。彼らの志望業界、志望職種、志望動機には人生の切実な経験や主体的な問題意識に根差す言葉がなく、仕事そのものに相手の存在がなく、借り物の響きの良い言葉ばかりで、「日頃から自分で真剣に考えていない」ということがすぐに分かる言葉ばかりです。「価値観」という言葉は多用しますが、何に価値を置いているかは見えません。「多様性」という言葉を多用する点では画一的です。面接用の志望動機はあっても本質的な仕事と将来への意欲はありません。モノにできない大きな言葉で考えたふりをし、借り物の言葉で自分を装い、本心を忘れるための訓練は、大学教育で完成するのかもしれません。

このように、思考と判断は全く異なる行動ですが、コスパ病やタイパ病に感染すると、不安と恐怖から条件反射による判断を繰り返している自分を自覚できなくなってしまい、人生の選択そのものまで衝動買いで済ませて気付かなくなっていくのが、とても怖いところです。

変質した「もったいない」の意味

時間に責任を持ち、時間を惜しみ、時間を大切にするのは良いことです。仕事や勉強を集中して短時間で済ませ、所期の成果を出すのも重要なことです。

しかし、忘れてはいけないのは、時間もお金と同じように、それを投じて何か価値があるものと交換するための資源に過ぎず、真の価値は「成果の持続性」によって測られるべきであって、資源そのものの「投下量の大小」によって測られるべきではない、ということです。

何度もダイエットや語学学習に失敗した人は、いずれ挑戦し、行動すること自体を恐れるようになっていきます。何かを手に入れようとする前に、自分が投じる時間がまた無駄に失われるのではないかということにより強い関心を向けます。だから、そんなみじめな気持ちを再び味わわないためにも、楽して手っ取り早く結果を手に入れる賢い方法があれば、それを知った方が得策だと信じて、タイパなる価値観を重宝するようになっていきます。コスパもこれと同じです。

元来、日本語の「もったいない」という言葉は、モノが本領や真価を発揮する前に壊れたとか、まだ使えるものを粗末にしたとか、自分には畏れ多いほどの恩義や栄誉を受けたとか、前途有望な青年が交通事故や病気で亡くなったといった、モノを愛で、人を慈しみ、尊い存在に対して謙虚に感謝する私たち日本人の心のあり方を意味していました。つまり、「持続すべき価値や成果」といった本質的な能率、可能性を大切にしてきたからこそ生まれ、使われ、受け継がれてきた言葉でした。

ところが、三十年にもわたる長いデフレ不況を経て、今では同じ言葉がお金や時間に対して「投じるまでもない」という、採算性だけを基準とした消極的、否定的、懐疑的、冷笑的な意味で使われるようにもなりました。お金や時間を惜しむ気持ちから発せられている点はまだよいとしても、「もったいない」という、古く伝統的で、私たち日本人にとっては遺伝子レベルで心に響く言霊を備えた言葉の意味が変質し、私たちがモノや行動そのものを丁寧に見つめようとする前に、まずお金と時間の限界とその防衛に過度に意識を向けてしまった結果、結局、自分にとって価値ある機会を逸してしまうなら、それこそ本当にもったいないことなのではないでしょうか。

自信や達成感を与えてくれる成果に結実しなかった時間が、やがてその人に時間を投じることへの恐怖をもたらすように、満足や感動を与えてくれなかった買い物も、その人にお金を投じることへの恐怖を生み出します。こうして、時間もお金も、目先の表面的なパフォーマンスに幻惑されたばかりに、正しい価値に結実することなく失われ、人間から自信と希望を奪っていきます。

一杯の緑茶を一万円の湯飲みで楽しむ時間は、贅沢な時間とは言わないまでも豊かな時間です。一万円の湯飲みに見合う茶葉、淹れ方、お茶の知識を勉強し、同じようにお茶を楽しむ人たちの人生を知り、湯飲みの裏にある製法や産地の歴史を知っていくうちに、一万円の湯飲みは一万円以上の豊かな恵みをもたらしてくれることが体験を通じて理解できます。だから、一万円の湯飲みを買おうと思う人は、それを使いこなせる知識や実力がある人か、そういう楽しみ方をしたいと望む人、または日常生活の中にそういう時間を持ちたい人です。

現代は、「湯飲みにどれだけの価格を許容するか」という問題を浅薄なビジネスや費用対効果の問題だと割り切って、「価値観」というビッグワードで論じます。しかし、ここで考えるべきは価値観よりも個々の人生態度ではないでしょうか。「私の生活には、この湯飲みでお茶を楽しみながら考え、語り合う時間が必要だ」、「私も、こんな湯飲みで仕事の疲れを癒し、休日の喜びを感じたい」。このように、モノに価値を認める態度は、自分の生活や仕事の価値を確かめる態度と同一であり、自分と自分の人生を粗末にしない態度でもあります。

私の周りには、私の影響でジョギングやランニングを始めた人が十人ほどいますが、うち数名はすぐに挫折してしまいました。そして彼らは「走ったけど痩せなかった」、「ランニングと同じ効果が数分で得られるマシンを見つけた」、「有名ユーチューバーがジョギングは痩せないと言っていた」と言っていました。何事も性急な結果を求めて行動を始めると、すぐに挫折することが分かります。

いっぽう、今も走っている人たちは「山中伸弥教授と同じように仕事のパフォーマンスも上げたいから、そういう気分を実感できるまでスピードは気にせず続けます」、「故・田中宏暁《ひろあき》教授（スロージョギング提唱者・元福岡大学名誉教授）の理論に感動したから、これで一生健康の習慣を作ります」、「一番きついスポーツが続いたら人生が変わると思うので、弱い自分と向き合い続けて強くなります」と話してくれました。

面白いのは、やめた人も続けている人も「一日数キロ走る」という同じことをやっているのに、考えていることは違うという点です。続けている人は自分の未来を、そして自分という人間を、それだけの価値があるものだと考えています。だから、繰り返すほどスポーツに投じる時間の価値は上がっていき、同じ時間がもたらす知識、経験、自信も深まっていき、物事を緻密に、丁寧に、冷静に見つめられるようになります。

また、初心者なのにエリート向けのシューズを勢いで買ってしまった人もおり、後からそのシューズは熟練者のスピードとフォームを身に付けないと履けないと知って焦り、「だったら、その走り方をできるようになってみせる」と決意して、筋トレからまじめに始めた人もいます。「スーパーシューズに見合う自分になろう」という努力もまた、自分にそれだけの価値があると思わなければできない行動です。

面白いのは、こういう、少し高い買い物をする人たちは、みな会話の内容が具体的かつ個性的で、何を話しても面白いという点です。そして、損得を支出の多寡《たか》ではなく、「自分が本気で楽しく向き合っているか」、「自分の心が生き生きとしているか」で考え、モノを大切にし、買った商品をモノにしていく過程そのものを楽しめる人たちだということです。

お金と時間に対する態度には、その人の考え方が如実に表れ、それらを過度に節約したがる人は、同類の課題や悩みに直面することが分かります。だからこそ、「安くて機能性が高くてお得ですよ」という呼びかけと、「短時間で成果を得られて楽ですよ」という呼びかけは、人間の潜在心理に潜む恐怖心、不安、怠け心、欲望を刺激し、コスパ病とタイパ病の受け皿を作っていくのでしょう。

私は「高価なモノを買うのが良いことだ」とは言いませんが、「自分にはより高い価値がある」と信じて、それを実現するための努力をするのは良いことだと思います。そして、日本にはあらゆる分野でそうした人生態度を受け止め、表現し、私たちを成長させてくれるモノが溢れています。そうした、各地の先人たちが命をかけて受け継いできた優れた文物がたくさんあるのに、それらを知らずにコスパとタイパに幻惑されて日々を忙しく過ごし、自分の人生を本当に楽しめる機会を逸してしまったら、それこそ本当にもったいないことだとは思いませんか。

以上、本章では私たちの生活、仕事、勉強、運動に付きまとう能率という身近な話題を題材に、人間に潜む向上心、怠け心、方法や道具、成果と向き合う心理について考えてきました。誰の中にも思い当たる体験があり、また、改めて自信を深めたことや、耳が痛いと感じた内容もあったことでしょう。つまり、私たちは時間とお金を通じて、いつも自分という人間がどういう人間であるかを知り、学んでいるということです。

次章では、こうした人間心理が集合化して様々な形で表現される企業という場で、私たち日本人がコスパという問題にどう反応してきたかを考えてみたいと思います。

第五章

なぜ日本企業は自損型輸入に走るのか

前作『コスパ病』を読んだ日本人男性の反応

前作に対して広範な分野から寄せられた反響の大部分は好意的な評価で、私の問題提起に共感、支持、賛同を示す声でしたが、なかには疑問や懸念を示した人もおり、そのほとんどが男性でした。

前作で執筆動機を書いたように、私は元々、「売る側が見て見ぬふりと問題の放置、先延ばしを続けるなら、買う側に直接事実を知らせて、遠回りでもいいから、消費行動を変える呼び掛けをしよう」と決意して前作を書いたので、買う側の人たちから強い支持を得られた今、とても満足しています。そして、前作を歓迎する生産者、職人、中小企業経営者、公務員、地方政治家、そして女性消費者からの反応に接しつつも、私の問題提起を不安視し、解決策の提言に首をかしげる人になぜか男性が多いことに興味を持ちました。

　その中には、自社が自損型輸入やその商品の販売を行っている会社、またはそうした商品に事業が部分的に依存している会社もありました。いくつかの声を紹介したいと思います。

「こんなことを書いて大丈夫なのか。大手やマスコミに知られたらやばそうだ」

「今さらこういうことを主張しても、事態が好転するかどうかは疑問ですね」

「サプライチェーンは強固に張り巡らされているし、ちょっとやそっとで変わるとは思えない」

「うちの団体で、あなたの講演を行えるかどうかは難しいところです」

「分かっているが、うちにも従業員がいるし、社員にも家族がいる」

　私は前作で一度も「全てをすぐに変えよう」、「輸入、安売り、中国製が悪い」とは主張しておらず、「みんなの居場所で、できることから少しずつ実践していこう」と地道で堅実な提案を書いたので、別に過激な主張は行っていません。

　しかし、不安や疑問を口にした経営者やサラリーマンの中には、自社が自損型輸入に手を染めており、そこから少なからぬ利益を得ているという人もいます。そして、前作が大手雑誌や各種メディアに取り上げられて読者が増え続け、自損型輸入の事実、手法、被害を知る消費者が日本各地に出てきたことに対して、不満、不安、不快感を抱く人がいることが分かりました。そうした反応を眺めながら、後ろめたいことをしている人は、必要以上に事態を恐れてビクビクし、反応が過敏になりがちであることも分かりました。

それこそが私の狙いでした。ですから私は、彼らの当惑、不安、恐怖の表情を見て、「やっと傍観者の席から当事者の席に座り直したか」と手応えを深めました。彼らが作り上げてきた海外供給網と調達手法、消費者を巧妙に幻惑する販売手法は、今や「買う側」を代表する主婦をはじめとする消費者に知られ始めたのです。

この動きが広がれば、消費者が支持しない手法で生産、製造、調達、販売を行う企業は、いずれその経営を改めない限り、買う側から退場を突きつけられ、無視されて廃業していくことにもなるでしょう。つまり、「消費者主導の地産地消を通じた自損型輸入の見直し」という日本経済のデトックス活動は、少しずつではありますが、私が望んだ効果を発揮し始めたのです。

強い言葉を使う時は社名や肩書きを出さないと発言できず、私が零細自営業者であることを強調する時は優越感や冷笑を含んだ表情になり、何を発言するにも名前に頼り、名前を気にする弱々しい人。自分という一個人としての発言を避ける無表情の人。彼らのそんな表情を見て、「こんな人たちが、集団心理で成り行き任せのコンセンサスを形成し、国産品を集団リンチしてきたんだろうな」と思っては、傍観者的な企業と社会人の不作為も、長期デフレの一因だと感じました。

そうした反応を何年も見てきて、自分たちでは決断、行動、変化できず、問題が顕在化しない限り、いつまでも実態を隠して先送りしたがる男性中心の組織に対し、「事実を知り、知識を手にした、お金を支払う消費者集団」による外圧を作って広げ、地元と日本にお金が落ちて循環する地産地消のきっかけを作ることが、私が前作を執筆した一つの狙いでした。

なかでも面白かった反応は、業界団体や産業別組合による「あなたの提言は画期的だが、会員の間に波風を立たせたくない。うちは会員の仲の良さが魅力の団体だから」という言葉です。

私は「井の中」の各種団体に波風を立たせたいのではなく、「日本経済が激安津波で崩壊寸前ですよ」と外の大海の状況を知らしめただけです。「日本人が日本の産業を攻撃して、消費者も企業も自分で自分を貧困化させていく異常な経済のあり方を見直しませんか」と言っているだけです。

そもそも、自損型輸入商品を持ち込んで日日経済内戦を仕掛け、産地や業界に分裂と不和を生み出したのは誰なのか。団結すべきは同胞である日本企業、日本人同士であって、私はそういう、当たり前の経済のあり方を貿易分野から提唱しているだけです。ところが、「安価な輸入品への依存を見直し、段階的に地産品、国産品に切り替えていきましょう」という素朴な提案を波風と呼ぶのなら、それを嫌がる彼らこそ日本社会に不和と対立の種をまき散らした張本人ということです。

サラリーマン経験が四年しかない私は、そうした男性諸氏の視野の狭さに驚き、本末転倒の発想と発言の意味が理解できませんでしたが、「自分の組織の利益と自分の立場のためには、自分の本心を欺いてでも、個人の考えを押し殺す」というサラリーマンの習性を、前作に賛同した経営者仲間や主婦の友人たちに教えてもらって、やっと彼らが話している日本語を理解できました。

　また、なかには「問題が大きすぎて、政治でなければ解決できない」と言う経営者もいましたが、私に言わせれば別に大きな問題ではなく、個々の消費者の小さな行動と企業の所業が集積した結果にすぎません。それに、政治によって上から、外からの解決を考える発想自体、主体性がなく他人任せです。政治にも色々問題はあるでしょうが、そんな巨大なものと向き合って浪費する時間があるなら、一人一人の消費者が居場所で買い物の態度を少しずつ変えていったほうが現実的です。

　業者や受益者が現状を放置し、真実を隠し続けるなら、主婦をはじめとする消費者が行動を起こし、地産、国産の原料や部品を使った商品を作り、売る会社を選んで応援していけばいいことです。

　自損型輸入業者や、それらの商品、部品で儲ける企業に対しては、政策や法律に頼る必要はなく、ただ一言、消費者が「さようなら」と言ってお金の供給を止めれば済むことです。一部の男性は事を必要以上に難しく、複雑に、大げさに考えたがるものですが、それは「やめる理由」を探し、考えないための行動である場合もあります。

　自損型輸入商品の激安津波が突然発生したように、消費者の覚醒も突然起きるものです。だから、自覚した消費者に潰されたくなかったら、自分で自損型輸入に依存する工程や流通過程を見直せばいいのです。それを自発的に行い、自分から公表していけば、同業者や取引先からは批判されるでしょうが、消費者の支持を得られるでしょう。どちらを選ぶかは経営者次第で、私は変わらずさらに強力に発信を続け、「消費者主導の地産地消」への支持者を全国に広げていきます。

「うちだけ損しないか」という不安

また、なかには前作を真剣に読み、企業としての大変革を考えたという経営者にも会いました。

「小島さん、確かに現在のわが社の加工食品や雑貨の在庫は、半数近くがあなたの言う自損型輸入商品です。これらに切り替えたのは、まぎれもなく利益が動機でした。そして、それまでの取引先に取引の中止を伝える時は辛《つら》かった。しかし、消費者が低価格品に流れていく状況を見て恐怖を抱き、わが社も中国のサプライヤーに切り替える決断を下してしまいました」

この告白に接し、私は「この方はなんと誠実で、正直な経営者だろうか」と敬意を抱きました。やはり、自分の中には過去の決断に対するやましさ、国産品を扱えなくなった悔しさ、自損型輸入商品で稼いでいることへの後ろめたさがあったのです。「ふ〜ん、だから何？」、「で、どうしろって言うの？」と不快感でふんぞり返る経営者よりも、ずっと人間的で信用できると感じました。

この会社が在庫を国産品に切り替えていこうと真剣に考えたきっかけは、前作に対する主婦たちの声でした。やはり、消費者の声ほど企業に強烈な圧力と深い希望を与える武器はなく、また、その声が意味するところに対する健全な想像力がある会社は、「すぐに対応したい」と考えるものです。

しかし、彼は同時に、私に次のような不安を表明しました。

「国産に切り替えると、試算では三十パーセントから二倍、価格が上がります。この価格だと、わが社の平均客単価を考えたら、約半数のお客様が買わなくなる恐れがあります。国産に切り替えた結果、わが社だけが客を失って競合に需要を奪われ、結果的に損失を被るリスクは避けたいので、どうしたらいいでしょうか」

よく分かる不安です。私も価格設定やコスト計算が難しい遠距離輸出で、世界中の企業と戦いながら、種々の要素の値上げ、値下げについて悩んだ経験がいくつもあるからです。こんな不安を吐露してくれた企業や、私への賛同を示してくれた企業に対して私が行う提案は、次のことです。

一、お得意様に各商品の具体的な購入理由を聞くこと
二、客単価が高い客、国産品の購入頻度が高い客が支持する要素を特定すること
三、その商品が持つ要素に近い要素を備えたラインナップを考えること
四、九州や西日本で国産の代替品を供給してくれそうな会社を探すこと
五、コスト負担や利益率に急な変化が及ばない在庫調整計画を立てること

六、これらの努力を理解してくれる、発信力のある女性客のチームを作ること

七、カテゴリやシリーズで「全てが国産」と言える段階になったら、それを差別化ツールとし、国産を支持する消費者の来店動機として打ち出すこと

八、客の忠誠心、支持率が高まったら、それを追い風に他の商品も同様に国産化していくこと

企業が値上げを行う際に最も懸念するのは、言うまでもなく客離れです。しかし、客離れは同時に新たな客層との出会いにもつながります。どんな商売でも値段で買う客は多くいますが、値段以外の要素で買う客も多くいます。ですから、国産を謳えるようになるだけで、派生的に安全性、品質、機能性、産地への貢献、生産者の物語、モノの由来や背景も語れるようになり、消費者に訴求できる価値も増えます。モノによっては、もっと話題が増える商品もあるでしょう。国産への切り替えは、商品と事業をもう一度、フレッシュな気持ちで見つめ直すチャンスにもなります。

だから、そうした価値が適正に伝わる説明方法を考えながら段階的に売価を上げ、「わが社の理念に価値を認めないお客様とは、お別れする時が来た」というタイミングに備えるのがよいでしょう。また、値上げによる客離れを防ぐためにも、自社を深い部分で理解して支持してくれるお客の存在はありがたく、そうしたお得意様が何人かいれば、自社の国産へのこだわりを「消費者の言葉」で発信してもらうよう、お願いするのも効果的です。

前作でも言及したように、自損型輸入商品とは「非社会的商品」です。つまり企画、開発、栽培、生産、製造、品質管理、検品、流通、営業、販売等、多くの過程で日本社会とのつながりを切断し、価格のみを唯一の購入判断基準に特化させた「コミュニケーション不在」の非力な商品です。だから、自損型輸入商品を扱っているうちは、お客とのコミュニケーションは存在しません。

皆さんも、この手法で輸入を行う業者の店員から産地、原料、製法、技術、品質へのこだわりなど聞いたこともないでしょう。また、聞こうと思ったことさえないでしょう。もし聞いても、非社会的商品には、聞く価値のある情報や他人に伝えたくなる感動の物語はほとんどありません。それが「値段だけで買う」ということの意味です。だから、こんな客は値段で去っていきますし、そんな客との売買は社会や時代を創造する事業ではなく、単なる妥協的な金品の交換で終わる商売です。

お客は自分が下した購入の決断に納得したいものです。お客は自分が選んだ商品を何度でもすごいと思いたいものです。そして、そんな商品の価値に気付き、所有し、楽しめている自分をすごいと感じたいものです。適正価格での商売は、このようにお客との真剣勝負で、お客の要望に応える努力は辛く難しく、そしてやりがいのある活動です。そして、そうしたお客の内なる希望を受け止める力は、地産品、国産品しか持ちえないものです。

「安く買った私は賢い」という浅薄で社会性がない、一時的なうわべの満足よりも、より本質的で温かい心の通い合いを通じて、お客に「これを買ってよかった」と思ってもらえるチャンスを、国産品は売り手が勉強し、努力する限り、何度でも与えてくれます。そして、お客はそんな、自分に感動を与えてくれ、自分のすごさ、ふるさとのすごさを実感させてくれる商品に出会いたいと願っているのです。そう思ってくれるお客を一人、また一人と増やしていき、感動の輪を広げてお客、取引先、地域とともに栄えるのが、私たち日本人が行うべき企業経営ではないでしょうか。

外国人技能実習生をどう考えるか

前作に対しては、実質的にわが国における「低コストの労働力」として歓迎されてきた外国人技能実習生についても、私の意見を求める読者に出会いました。実は私はこの分野と七年間、ある事業を通じて特殊な関わりを持っているので、その立場から論じてみます。それは、「在留外国人のご遺体海外搬送サービス」という事業で、福岡県警ＯＢの社長が七年前に、外国語の文書作成と国際物流に詳しい私をパートナーに選んでくれたことが機縁で従事してきたサービスです。

この仕事では、主に西日本を中心に、様々な死因により日本国内で亡くなった外国人の方々のご遺体防腐処置（エンバーミング）を専門のエンバーマーの方が執り行い、県警出身の社長と私は遺族、警察署、大学病院、葬儀会社、公証役場、自治体、大使館や領事館、外務省、物流会社と短期間に連携して各種の公文書を集め、なるべく早くご遺体を母国の遺族の元にお届けしてきました。そして、亡くなる方のなかには、若い外国人技能実習生の方が多いのです。

日本国内で亡くなる外国人は年間七千人前後おり、実習生ばかりが亡くなっているわけではないのですが、不審な亡くなり方をした方、不幸な亡くなり方をした方は、生前の労働環境や人間関係に問題があり、警察が作成した死体検案書、病院が作成した死亡診断書を翻訳して各自の事情を知るたび、「日本の技能実習制度は、かなり無理をしているのではないか」と感じます。

もちろん、日本には実習生やその家族と緊密な協力関係、信頼関係を築き、まるで家族のように助け合って働いている実習生も多くおり、また、愛情と相互理解を大切に実習生と接している企業も多くあるので、全員が過酷な労働環境で働いているわけではありません。

しかし、農業、建設業、食品加工業などの分野では、数年前は一番勤勉で文化的にも相性が良いと歓迎され、瞬く間に中国人の数を追い抜いたベトナム人実習生に対するクレームが増え、ベトナム人の間でも「日本は働く価値がない」という評判が広がりつつあります。

さらに、雇用主となる企業の中には、監理団体側が新しい国の実習生の情報を出すと、あからさまに「ベトナム人より安いの?」と聞く経営者もいます。私は、スリランカの友人が設立した送り出し機関の話題を九州の企業と監理団体に紹介したことがありますが、半数くらいの会社が私に最初に尋ねたのは「スリランカの平均月収はいくらですか?」という質問でした。

実習生に依存する会社の多くは、自社が提示した給料では日本人社員が集まらなくなった会社か、労働自体がもはや日本人を惹き付けなくなった会社です。実習と呼ぶなら、実習生の母国では経験できない、日本らしい高度な仕事を提供できればいいのですが、実習とは名ばかりで、実質的には低賃金労働という暗黙の了解が監理団体と企業に共有されているケースもあり、換言すれば「労働力の国産化」が不可能になった業種で利用される制度だとも言えます。そしてその原因は、受け入れ企業の取扱製品が日本人を雇用できる利益を出せないか、または「同じ労働なら、より低い賃金でも労働意欲が高い外国人に任せたほうが利益を増やせる」と判断したことにあります。

こうした構図は、海外生産の安物で経営課題に対処しようとする自損型輸入と類似しています。自損型輸入に依存する企業も、国産品を扱えば客離れが起きるという恐怖から安価な輸入品に頼る企業か、「同じ機能なら、外国人に製法を教えて安く作らせたほうが利幅を増やせる」と判断した企業です。労働力の場合は人そのものが商品で、日本人と外国人の間にはいつしか棲み分けができてしまいましたが、モノと人の違いは「人のほうが使える期間が短い」ということです。

実際、私のフィリピン、ミャンマー、スリランカ、ネパールの友人は「働くなら台湾、韓国、香港、中東のほうが日本よりいい」と考える若者が増えていることを教えてくれました。それは①日本語をいちいち学習しなくてもよい、②日本より魅力的で高給の仕事が多い、③自分たちが見下されない、という理由からです。

このように外国人も、いつも他国の賃金や労働条件を日本と比べ、日本企業が実習生の国籍を選ぶ以上に豊富な選択肢を持ち始めています。「経済が低迷する老大国が、経済が成長する若い国の労働力を安く調達したがる」という、前作で指摘したいびつな構造は、自損型輸入と同じく、外国人技能実習生の分野でもいつの間にか定着しています。

この状態が続けば、現在最も多いベトナム人はじきに日本を去り、今増え始めているミャンマー、インドネシア、ネパールの実習生も十年ほどで減り、英語が上手なスリランカ、バングラデシュ、インドの実習生も日本以外の国を望み、日本企業は将来、より西方の国々を望むようになるかもしれません。インドを越えればパキスタン、アフガニスタン、イランなどの西アジア諸国や、カザフスタン、ウズベキスタンなどの中央アジア諸国ですが、これらの国々は中東、ロシア、欧米で働く親族も多く、文化的にも宗教的にも関係が薄い日本で働く可能性は高くありません。すると、残るはアフリカだけですが、その頃には日本の受け入れ企業のほうが消滅しているでしょう。

まだ事業が存続し、利益を出せているのに、働き手不足だけが理由で現場が回らないなら、出生率が低下し続けるわが国では、実習生に頼って業務を回すのも致し方ありません。しかし問題は、わが国の労働生産性や経済成長率が低迷しているのに、賃金だけを低く固定し続けたいという動機から実習生に依存し続けると、そのうち実習生そのものが日本に来なくなって、最後は日本人がそれらの仕事を受け入れがたい低収入でやらなければならない未来が到来することです。

留学にせよ仕事にせよ、日本が好きで、人生の大事な期間を日本での勉学や生活に充てようと決意して来日する外国人がいることは、それ自体がわが国にとっても様々な恩恵をもたらす国際交流の一つです。しかし、一方で商品も外国産、従業員も外国人というふうに、日本企業から国産的な要素が年々減少していく現状も、かつてわが国が経験したことがない経済のあり方です。

「どの国の実習生が一番安くて一番働いてくれるか」を考える前に、事業そのものの国産化比率を高め、地産品、国産品の消費を盛り上げて収益を増やし、日本人が夢を持って働き、稼げる仕事を増やそうと長期計画を立てて取り組むのが、あるべき企業経営なのではないでしょうか。また、海外と交流する前に、社員、お客様、取引先、地域社会と交流、連携を深め、産地や業界でより多くのお金が回る経済のあり方を模索し、協力していくほうが、外国人とのコミュニケーションよりも早く確実に行えるのではないでしょうか。

地方衰退の主因は地場企業の収益低迷にあり、その原因は企業が持続、発展が可能な適正価格で商品を売れないことにあります。そしてその原因は、あらゆる産地と業界に自損型輸入で安い類似品が流れ込み、値下げ競争が常態化しているからです。だから十分な売上が上がらず、収益、賃金、税収が低迷し、それが出生率低下、少子化、晩婚化、非婚化、高齢化、後継者不足、働き手不足、公共サービスの低下、国際競争力の低下といった問題を生み出していきます。

実習生に頼って作ったモノは、made in Japanでもmade by Japaneseではありません。昨今は「made of（何から作ったか）」、「made with（誰と作ったか）」という形で、生分解性の高い原料から製造したことや、障がい者、高校生と作ったことを付加価値としてアピールする商品も出てきましたが、なぜ私たちは、そうした補完的な部分には熱心な工夫をするのに、実質的で大局的な部分にはずっと目を向けないのでしょうか。「made in Japanかつmade by Japanese」の製品を日本人が買ってお互いを応援しあい、豊かにしあう経済こそ、最初に描いて復活と実現を目指すべきではないでしょうか。そうして国家運営に国民が責任を持ち、生き生きと経済を回す国にこそ外国人も憧れて尊敬し、自ら進んで学びたい、働きたいと思って来日するのではないでしょうか。

日本経済の緩慢なる自殺

周囲の目を気にしてビクビクするサラリーマン。対策を考える前から感情的な不安に打ち負かされる経営者。身勝手な理屈で自己弁護して現実逃避する経営者。政治任せで主体性がない経営者。自社だけが損するのではないかと不安がる経営者。国産化を決断し、関係者に呼びかける勇気と信念がない経営者。要望される前から値下げを叫び続ける企業。欧米に媚びながらアジアを見下す企業。「送料無料」で客を振り向かせようとする企業。実習生頼みで日本人が集まらない企業。そして、「豊かな未来を再び作れる」という可能性すら、考えてみようともしない多くの日本企業。

これらの企業に接してきて私が感じるのは、「日本人は、いつからこんなに自信がない国民になってしまったのか」という驚きです。誰かが「こんな経済ではいけない！　よし、お客様や取引先と団結して、地産品で百パーセントのお金が地元と国内で回る経済圏を作ろう！　わが社がその先駆者になろう！　十年、二十年かかっても、次世代のために今、我々が始めよう！」と呼びかければ、その賛同の輪が各地に広がるはずです。ところが、そう描いてみること自体は自由なのに、多くの経営者やサラリーマンが、まるで毎年「ダイエットしなきゃ」と言い続けては実践しない人のように、「現実は難しい」「忙しくて考える余裕がない」と言い続けます。

三十年ほど前は、国産品がしっかりと売れてお金が国内のあちこちを勢いよく循環する経済を誰もが体験したはずです。ところがバブル崩壊あたりから、安くても品質はそれほど悪くない製品が日本に入り始め、自社も「少しだけなら」と軽い気持ちで手を出してみました。そうこうしているうちに、自社の取扱商品にも安価な輸入品が増え始めましたが、「まぁ、いいか」と軽く見過ごしてきました。そして今や、あらゆる業界が自損型輸入に支配され、日常生活も自社の在庫も、そして社員までも、「安い外国」に依存しなければ回らなくなってしまいました。

確かアランだったと思いますが、フランスの教育者の言葉に「恐怖の怖さは、怖かったことが怖くならなくなることだ」というものがあり、私はよく学生たちにこれを話します。

まじめな受験生だった頃の感覚が残っている大学入学時は、「授業をさぼるなんて、ありえない」と誰もが思っています。ところが、一度さぼっても何も起こりません。次に「試験をさぼるなんて、ありえない」と思い始めますが、手抜きで試験に臨んでも、別に何も起こりません。そのうち「授業はさぼるのが当たり前」、「単位を落としたって次の年で取り返せば大丈夫」、「就活は遅くても大丈夫」と、際限なく「当たり前のレベル」が下がり続け、気付いたら「卒業する」という普通の目標が恐ろしく難しくなり、「働く」という普通の未来が怖くてたまらなくなっていた、という話です。

健康の分野でも、「食後はビール一杯でいい」と思っていたら、いつしかもっと強い酒が増え、揚げ物や不健康なつまみが増え、不摂生が当たり前になり、当初は怖いと思っていた尿酸値や血糖値の上昇をごまかして「これくらいなら、まだ大丈夫」と甘えていたら、突然、痛風や脳梗塞《のうこうそく》に襲われて死ぬような思いをした、という人もいます。

大学生も中年サラリーマンも、最初は「授業をさぼること」、「太って不健康になること」を怖いと思っていました。しかし、怠慢や不摂生を重ねていくうちに現実に慣れてずる賢くなり、当初怖いと思っていたことが怖くなくなりました。そして、それこそが「恐怖に飲み込まれた」という本当に恐れるべき事態なのです。

この、惰性的かつ段階的な危機感の喪失は、個人のみならず国家にも当てはまります。例えば、中国海軍による尖閣諸島海域への領海侵犯や、北朝鮮による度重なるミサイル発射も、最初は異常事態だと驚いて、ニュース速報が流れるたびに全国民が警戒していたのに、今では「またやってるのか」と、まるでオオカミ少年の虚報に接するような情報不感症が広がりつつあります。この状態に本当に安心しているのは、わが国と中国、北朝鮮のどちらでしょうか。

大学に入学した頃は、「就活と卒業に必死で、働くのが怖い」などという悲観的な将来像は、自分とは関係ないと思っていたでしょう。働き始めた頃は、「肥満で生活習慣病になっても暴飲暴食がやめられず、毎日疲れている」などという将来像が自分に訪れるなんて、夢にも思わなかったことでしょう。ところが「前途有望な新入生と落第寸前の四年生」、「若々しい新人ビジネスマンと健康指標が全て赤信号の中年サラリーマン」は、本人が意識できないほど小さな行動と習慣を通じて次々と恐怖に支配されていった結果、分かちがたく結びついたのです。

同様に、日本経済が世界から称賛されていた頃、誰が三十年後のこんな経済を想像できたでしょう。歴史を見ても、満州で鉄道が爆破された時、そのたった十四年後に東京で十万人が空襲で焼け死んで、日本が二発も原爆を落とされて敗戦するなんて、一体、誰が想像できたでしょうか。

しかし、小さな慢心、不作為、怠慢が無限に集積し、経営と消費のモラルハザードを虚飾でごまかし続けた結果、私たちは自分の手によってこの惨めな経済を作り上げてしまいました。「これくらい、いいでしょ」、「みんなやってるし」、「うちだけじゃない」、「うちがやっても日本経済には関係ない」と各社が各地、各業界で小さな怠慢と不摂生を続けた結果、今では、体重二百キロの人が歩く前に起き上がることさえ困難なように、日本経済も再建する前に維持することが困難な窮状に陥りつつあります。そして、多くの人が挑戦する前に現状を見て諦め、「手遅れだ」、「うちは関係ない」と言い、授業への出席や会社への通勤のように当たり前の「地産地消」という経済活動の基本さえ、高い障壁となりました。

これもフランスのバルザックの言葉だと思いますが、「諦めは日常的な自殺である」という言葉があります。何かをやろうと思っても、すぐに無理だと決めつけるこの態度もまた「小さな諦め」ではないでしょうか。そして、多くの国民が日本経済の再生を心から本気で願わず、考える前から敗北していることこそ、日本経済の緩慢《かんまん》なる自殺をもたらす主因ではないでしょうか。

小刻みで反復的な諦めは、人間から新鮮な驚きと健全な危機感を奪い、精神を死に追い込んでいきます。私はどんな経済指標の低迷より、どんなに荒廃した農地や工場より、私たち日本人の心の低迷、すなわち自信と希望の喪失が一番大きなリスクだと感じています。

次章では文化と教育という別の切り口から、人の心がいかに形成され、また、壊されるかを見つめ、コスパ病と向き合う新たな視点を手に入れたいと思います。

第六章

文化の処刑と歴史の葬儀

床屋で読んだ「水滸伝」の思い出

本章では、私たち消費者、国民の心をむしばんできたコスパ病的発想の根源を、私の個人的な読書体験と、誰もが知る学校教育の事例から探ってみたいと思います。

これらは一見、経済や貿易の分野とは関係なさそうに思える話題です。貿易マンがそうした話題を扱うことを不思議だと感じる読者もいるでしょう。しかし、実際の前後関係は逆で、私は十代後半から歴史に興味を持ち、二十代前半に本章で取り上げる題材について多くの書物を読んで学び、社会人としての価値観の基礎を形成しました。したがって、そうした学びを重視してきた自分だからこそ、国際ビジネスの現場において自損型輸入やコスパ病という問題に気付き、書籍化という形で自らの思索の一つの結果をまとめ上げられたのだと考えています。

また、私は貿易の仕事でこの問題に関心を抱いて以来、「なぜ、自分は昔からいつも、こうした事柄に違和感を拭い去れないのか」と自問自答してきました。そしてある日、中退した大学の校舎のそばをランニングしていた時、ふと、脳裏に閃光のようによみがえってきた学生時代の体験が、自分が過去に抱いたある事柄への違和感の原型を思い出させてくれ、現在の仕事で抱いた疑問と昔の体験が分かちがたく結びついていることに気が付きました。

ところで、私の亡き父は岩波書店でドイツ文学の編集、校正を担当していました。そのため、わが家には子供の頃から岩波児童文学全集、国内外の偉人の伝記、ブリタニカの百科事典、魚や恐竜の図鑑が置いてあり、私は読書好きの子供でした。そんな私は子供の頃、父が仲の良かった床屋さんで毎月、髪を切ってもらっていました。その床屋さんに置いてあったのが、漫画家の故・横山光輝さんが描いた『三国志』、『水滸伝《すいこでん》』、『項羽と劉邦《りゅうほう》』でした。

その床屋さんはお客さんが多かったため、私は待ち時間に漫画を読み続け、何年かたって全巻を読み終え、秦、漢、三国時代、宋の雄大な歴史と、大陸の英雄たちが繰り広げる勇ましい冒険活劇に胸を躍らせたものです。そのおかげで私は漢字が大好きになり、小学校では友達から「小島君と言えば、漢字博士でマラソンが速い人」という評判を得ることができました。

中学入学後は図書館で三国志、水滸伝の小説を読みました。私が気に入ったのは水滸伝の英雄たちのあだ名です。「及時雨《きゅうじう》」の宋江《そうこう》、「豹子頭《ひょうしとう》」の林冲《りんちゅう》、「九紋竜《くもんりゅう》」の史進《ししん》、「青面獣《せいめんじゅう》」の楊《よう》志《し》、「黒旋風《くろせんぷう》」の李逵《りき》、「八臂哪吒《はっぴなた》」の項充《こうじゅう》…。人柄、容姿、愛用の武器、戦い方など、その人物の特徴を表したあだ名を持つ一〇八人の豪傑はみな個性的で、漢字の迫力と躍動感を中学生の私に生き生きと感じさせてくれました。特に気に入ったのは梁山泊の優しく勇敢な首領・宋江で、「時が及ぶと降る恵みの雨」を意味する彼のあだ名は、少年時代の私に深い意味を感じさせてくれたものでした。

また、三国志で有名な諸葛孔明の「出師表《すいしのひょう》」は孔明の決意、品格、悲しみが文面にこもった美文で、亡き主君・劉備《りゅうび》玄徳に対する孔明の敬意と忠誠心が溢れており、そんなドラマがわが国の邪馬台国とほぼ同時代に中国大陸で展開されていた史実を知っては、「中国とはなんとすごい国なのか」と憧れを抱き、漢字は私が中華文明に対して抱く敬意の中心にあり続けました。

高校では史記、十八史略の小説を好んで読み、なかでも愛読した井上靖、陳舜臣の小説では、遣唐使、大陸を駆け巡った騎馬民族、遊牧民族の歴史に胸を躍らせ、大陸の壮大な歴史と漢民族の偉大さに再び憧れを抱きました。二年時の担任だった恩師・黒岩真一先生が紹介してくださった明治天皇御製や歴史書で目にした旧字体も、当時の私には難しい漢字もあったものの、歴史の奥深さと文章の格式を感じさせてくれるもので、若き日の明治天皇が書道の稽古で出師表をお手本にされたという話を知っては、日本と中国が深いところで結びついているようで喜びを感じたものです。

また、私が通った太宰府高校には「芸術コース」という珍しいコースがあったため、生徒は美術、音楽、書道のうち、いずれか一つを選択して学びました。私は迷わず書道を選び、王羲《おうぎ》之《し》、顔真卿《がんしんけい》、褚遂良《ちょすいりょう》といった書家の作品をお手本に、「蘭亭序《らんていじょ》」などの名作で練習をしては、漢字の格調の高さ、迫力、美しさにうっとりしたものです。書道担当の先生は、どこから見ても書家にしか見えない風貌で、当時の学校には見た目で漢文の先生だと分かる老教師、顔つきから化学の先生だとしか見えない研究者のような教師も少しは残っておられたものです。

ちなみに、当時の私に一つの文字に潜む意味と思想の大きさを感じさせてくれたのは、「法」という漢字です。法は「水が去る」と書きます。広大な中国大陸で強大な権勢を誇った皇帝が唯一、太刀打ちできなかったもの。それが洪水です。ひとたび長江が暴れ出せば、大軍勢を動員しても、全住民を駆り出しても、土木技術の粋を集めても、天に祈っても、まったく歯が立ちません。ところが、大雨が止み、太陽が再び大地を照らし始めると、あれほど荒れ狂っていた大河は静けさを取り戻し、いつの間にか水は去っていきました。

こうして、水が去っていく光景を眺めた古代中国の人々は、「この世には、人間の力では如何《いか》ともしがたく、人知を超えた力と摂理がある」と悟り、人の世に秩序をもたらす、大自然の摂理と人間性の本質に基づいた社会の決まりごとを、法という漢字で書き表すようになりました。

以前、この文字の歴史を、日本語に詳しいエジプト人の友人に話したところ、アラビア語の「シャリーア」という、イスラム法の法源となる概念を指す言葉が、砂漠の地で人々が命をつなぐ「水源」に語源を持つことを教えてもらいました。「そこに立ち返れば、人間は人間として生きられる」という由来だそうです。中華とアラブという異なる文明圏が、社会秩序の根本を規定する文明の利器である法を、等しく水に由来する単語で表現していることを、私はとても面白く感じました。

この逸話が私たちに教えてくれるのは、人為的に制定され、現代社会の諸現象の交通整理を行う法律や条例とは異なり、法とは「発見されるもの」であるということです。そして、法とは人為的に創作、改変、強制できるものではなく、人間の力を超えたところで存在し、人間の本性を維持する摂理として人を守り、導くものだということです。ですから、法律を「人為的秩序」と呼ぶとすれば、法を「自生的秩序」と呼ぶこともできるのではないでしょうか。これは私の独創ではなく、老子、ゲーテ、ハイエクの本にそれぞれの表現で書いてあったと記憶しています。

このように、青年期の私にとって漢字はアルファベットよりもかっこ良く、深くて面白く、世界で唯一「意味を表す文字」を生み出して育て、受け継いできた漢民族は本当にすごいと、学ぶたびに中国への尊敬の念は強まるばかりでした。

大学の第二外国語で抱いた違和感

その後高校を卒業し、地元の西南学院大学に入学した私は、第二外国語に迷わず中国語を選びました。西南大はキリスト教の大学で、ドイツ語とフランス語は宣教師の教授が毎週開催する無料の「バイブルクラス」で学ぶこととし、授業としての外国語は中国語を学ぼうと決意したのでした。

そして迎えた、最初の授業。『学好中文』という教科書を開いた私の目に飛び込んできたのは、私が憧れてきた漢字とは似ても似つかぬ文字でした。伝統的な漢字とは似ても似つかない、いびつに切り刻まれ、折り畳まれ、抽出され、圧縮された「記号」を目にした私は、「何だ、この醜く見苦しい文字は」、「こんなの、漢字じゃない」と驚き、言葉を失いました。

初老の女性教授が発音する中国語の音は美しいものでしたが、それでも、漢字の字面《じづら》は私には受け入れがたいもので、生理的なレベルで違和感、拒否感を抱かずにはいられないほどでした。

周囲の学生は特に違和感を抱かなかったのか、「日本語の漢字と違うね」、「中国語は画数が少なくていいね」などと話していましたが、何度か授業に出ても、やはり私の違和感は変わらず、むしろ強まるばかり。それまで、先生が嫌いだからとか、教科そのものが苦手だからといった理由で勉強が嫌になったことはありましたが、「文字が嫌いだから」という理由で学習意欲が阻喪《そそう》したのは初めての経験でした。私はこの嫌悪感の正体を知りたくて、図書館で中国語の歴史を調べてみました。

私が嫌悪感を抱いた現代中国語の文字は、「簡《かん》体字」と呼ばれる文字でした。その頃、『ワイルド・スワン』（ユン・チアン　講談社）という、文化大革命を生き抜いた家族の物語が日本でもベストセラーになり、私も読んでみたところ、毛沢東率いる共産党政権と紅衛兵が、中国の建築物、寺院、古典を徹底的に否定し、破壊した様子が著者の壮絶な体験を通して描かれていました。

知識人、教育者、経営者という「資本家階級を代表する反体制分子」に対して、毛沢東が煽動する紅衛兵たちが激しく暴力的な「吊し上げ」を行い、権力者や有力者に対して大衆の面前で屈辱的な「自己批判」を強要した迫害の過酷さと理不尽さはよく知られているので、書くまでもないでしょう。そんななか、建築物や書物と比べれば目立たない漢字も、文化大革命によって吊し上げられ、破壊され、葬られた犠牲者の一つでした。

行書体や草書体のように、生活の必要から自然に発生し、長い時を経て定着した簡略化には芸術性や実用性があるのに、簡体字にはなぜそれがないのか。それは、簡体字が貧困な政治的イデオロギーに根差した浅薄な人間観から生まれ、人為的に制定、運用された政治的道具だからです。

毛沢東は、画数が多い漢字を読める人間と読めない人間がいることを共産主義における格差と捉え、知識人が知識という資本（知的資産）を独占することを敵視し、ここに一つの階級闘争の種を見つけました。そして、一連の闘争を「文化大革命」と名付け、共産中国の成立時から進んできた漢字の簡略化を、資本家や政敵を打倒するための権力闘争と結びつけた政治運動に加えました。その結果、漢民族の偉大な財産である漢字は無惨に切り刻まれ、原形を留めない、「最低限の意思疎通」だけを果たせればよい使い捨ての道具に貶《おとし》められました。

のちに、立命館大学の故・白川静博士の漢字に関する作品を読んだ私は、漢字が歴史、人間、自然に対するどれだけ深遠な観察から生まれたのかを知り、とても感動しましたが、そうした漢字の歴史を知るほど、私は中国共産党に破壊された漢字がかわいそうに思え、同時に、そうした文化破壊を行って恥じない政治思想に対して嫌悪感と反発心を抱くようになりました。

「意味さえ通じれば、使い捨て」というのは、漢字が持つ最低限の物理的機能である「意味の説明」さえ果たせれば、漢字の社会的機能、つまり文字そのものの伝統や成り立ちに対する配慮は無視してよいと見なす点で、まさに「文化と歴史に対するコスパ病的態度」です。

私は高校三年時に恩師・占部賢志先生（現・中村学園大学客員教授。近著『文士　小林秀雄』致知出版社）から小林秀雄氏の著作をご紹介いただき、『考えるヒント3』（文藝春秋）所収の「美を求める心」、「歴史と文学」に深く感動しました。他の作品は高校生の私には難しくて理解できませんでした。そして大学一年、二年の夏休みに占部先生のご紹介で参加した公益社団法人・国民文化研究会主催の合宿教室を通じて、国語の擁護に尽力した劇作家・福田恆存《つねあり》氏を知りました。その後、大学を一年半で中退して海外で働き、帰国後は経済誌の記者として働いた二十代前半に、福田氏の『私の國語教室』、『文化なき文化國家』を何度も読みました。恩師の導きと先達の優れた著作に触れることがなかったら、私は日本人ではなく、単なる社会人として働くだけの生活を送り、生まれた時代と日本経済を嘆く一人の人間として消極的、受動的に生きていたかもしれません。

これらの本を通じて、私は本家中国の漢字だけではなく、日本語も戦後に簡略化を含むひどい扱いを受けてきた事実を知り、同時に、私が大学で中国語の教科書を開いた時に抱いた生理的な違和感の正体を知りました。それは「歴史、文化、人間性に対する冒瀆《ぼうとく》」でした。

コスパ発想的な教育は人間性への冒瀆

冒瀆とは、強く激しい言葉です。しかし、私は先に挙げた福田氏の本を読んで、戦後日本の国語教育政策は、そうとしか言いようがないと感じました。福田氏が論戦を繰り広げた当時の文部省や国語学者たちの言い分は、「難解な漢字の学習は、子供たちに余計な学習の負担を強要するから、画数を減らせば負担が減って、空いた時間や労力をもっと勉強する時間に充てられる」というものでした。大学を中退した私には、何の専門分野も学問的訓練の経験もありませんが、私は著名な国語学者や文部官僚の主張を読んで、「それはありえない」と直感しました。そう確信できるだけの体験があったからです。

私の母はピアノ教師です。私の両親はフランスのシャンソン、ドイツの学生音楽、イタリアのカンツォーネが大好きで、夕食時はピアノの種類やこだわり、どの指揮者のどの時の指揮が素晴らしいか、よくそういうことを語り合っていました。いつもは優しい母は、ピアノの指導では厳しい教師で、曲を弾くとき、楽譜を読むときは作曲家の人生や曲を書いたときの想いまでも偲《しの》んで、一音一音、丁寧に弾くことを重視しました。

「この音を飛ばしたら、この曲を弾く意味がない」、「シューベルトがこの音階にしたのには、理由がある」、「ごまかして弾いたら、これから先の課題曲は弾けなくなるよ」。そう言われても、まだ小学生で手が小さく、指も短かった私には、楽譜通りに弾くことは昆虫を捕まえるよりも難しく、何度も薬指や小指がつりそうになりました。しかし、何百回も練習してうまく弾けたときの達成感は大きなもので、両親はそのたびに、満面の笑みで私の達成を褒めてくれました。

母は近所の子供たちが習いに来た時も、「子供はしっかりと鍛えれば必ずできること」、「ピアノの練習は単に楽器の演奏技術の習得だけではなく、人間として必要な克己心や我慢強さ、芸術への愛情、継続力を養うのにも適していること」などを保護者に説いていました。母のレッスンはピアノを教えるだけではなく、ピアノを通じて人生に大切なことを教えるものだったのです。つまり、「楽譜や奏法が難しいからと手抜きをさせて、子供を馬鹿にしてはいけない」ということです。

難解な曲なら、楽譜の音符や記号を半分に減らせば演奏技術が上達するのか。鍵盤を半分に減らせば弾けるようになるのか。そうして簡略化した曲を弾けたところで、自信や達成感は得られるのか。作曲した音楽家の心に近付けるのか。私は福田氏の本を読み、国語国字問題の議論の推移を観察しながら、「福田氏の主張は、母が言っていたことと同じではないか」と感じ、福田氏の主張と母の教えには「人間性への信頼と尊重」という愛情が共通していることを感じては、「だから母は手抜きをさせなかったのか」と嬉しくなってきました。

ピアノと同じく、野球でもバットの太さを二倍にすれば野球が上達するわけではありません。ボールの大きさを二倍にすれば、打撃が上達するわけでもありません。道具やルールを簡単にして「できた気」にさせたところで、楽をして空いた時間がより生産的な練習に使われるなどということは、楽器でもスポーツでも決してありえないことです。

だから、知的スポーツである勉強で漢字を簡略化したところで、その動機が「子供には勉強は苦痛のはずだ」、「抑圧や苦痛から解放してあげるのが思いやりだ」という誤った人間観に基づいている限り、学問への興味や愛情が育つことはないでしょう。その反対に子供は怠慢の味を占めてしまい、何気ない勉強でも面倒くさがって手を抜くようになり、本来自力で解決、克服すべき課題への挑戦意欲さえ失わせてしまって、結局はその子の将来を損なうことになってしまいます。

教師の仕事とは、本物の教材と授業で子供に本物のすごさ、難しさ、楽しさを教え、それを通じて自分のすごさに気付かせ、感動や成長、あるいは失敗や練習を辛抱強く見守って導くことであり、そのためには劣悪な教材や浅薄な人間観は排除されなければなりません。

私は学校教育においては、決して客観的に充実していたと言える環境を得ることなく大学を中退し、早々と働き始めましたが、両親と恩師のおかげで本物に触れる機会に恵まれ、そして、「どんな場所でも、置かれた環境で本気でやり抜く」という自分への信頼と期待を保ち続けることができました。「正解を選択するのではなく、選択を正解にする」というのが、大学を中退してからの私のポリシーの一つで、私はこの言葉を、サークルFUNの大学生たちに毎年教えています。

漢字の画数が多かろうが、書き間違いやすい字であろうが、国語や文字が好きになればなるほど、正しくきれいに書けた時の喜びはそれだけ大きなものになります。学年によって教える文字数を制限することは問題ではなく、大事なのは言葉への興味や、正しく書けたときの喜びを年齢にふさわしい形で自信や勉強への意欲に変えていくことであり、「文字そのものを制限し、簡略化する」、つまり学習対象をコスパ的価値観で矮《わい》小《しょう》化するのは、教育ではありません。それはやはり、文化と人間性への冒涜なのです。

昔話が少し長くなりましたが、以上の回想で紹介した体験が、私が個人的にコスパ病的な発想を昔から生理的に受け付けない一つの理由です。芸術でもスポーツでも、学問でも仕事でも、完成されたものには型、手順、作法があり、それは習得前の未熟な自分には意味が分からない場合も多いものです。ところが、現代の教育や仕事において、せっかちで小利口になった私たちは、自分が当事者として着手する前に、すぐに物事の意味や価値、効用を確かめたがります。

しかし、まだやってもいないのに分かる価値など、人生にどの程度の意味を持つのでしょうか。未経験の未熟者に、一体何が見えるというのでしょうか。狭い了見や乏しい経験からやる意味を求めると、かえって表面的な意味しか掴めなくなってしまい、本来得られたはずのやりがいや価値を手に入れ損なってしまいます。

勉強も楽器もスポーツも、何度もぶつかり、跳ね返され、「好き」と「嫌い」を繰り返しながら自分を発見し、困難を乗り越えてこそ、初めてその本当の楽しみを味わわせてくれます。こう考えてくると、現代中国が用いる簡体字からは、人間性への信頼や歴史への敬意が感じられなかったために、私は直感的に嫌悪したことが、二十年ほどたってからやっと腑《ふ》に落ちる形で分かりました。

そして、この教訓は私たちが日常で購入し、使用するモノにも同じように当てはまります。コスパ商品とは「文化の簡体字」です。例えば、国産の畳を使えば、寝転がって先人や自然と対話できる贅沢な昼寝を楽しめます。植物がもたらす恵みに感謝できる感性を養えます。職人の深いこだわりに気付くセンスを磨けます。しかし、中国産の自損型輸入畳には使用者を育てる要素が何一つありません。

国産の陶磁器を使えば、風合いや質感にえも言われぬ魅力を感じて、お茶やコーヒーに親しむ時間が楽しくなります。使いこなすのにも努力と教養が必要ですから、一つのことが分かると知識が知識を呼び、そこに焼き物が置いてあるだけで楽しくなってきます。

しかし、ダイソーやニトリの陶磁器からは、そのような深い味わいは得られません。簡体字が「意味が分かればよい」という用途しかないように、自損型輸入陶磁器にも「液体を入れられればいい」という最低限の用途しかないからです。物心両面で私たちに恩恵を与え、生活を通じて私たちを真の意味で豊かにしてくれるのは、どちらの商品でしょうか。

プチプラ店舗の行列が意味すること

漢字、音楽、スポーツ、教育。私一人の人生でも、様々な事柄がコスパ病的価値観を論じる話題になることが分かりました。学校やスポーツの事例を出したのは、誰の過去にもある共通の体験談を話題にすれば、読者の方々にも「ああ、自分の場合はこんな感じだったなぁ」、「中学の時のあいつは、やっぱりすごいやつだったなぁ」というふうに、「本気だった自分」、「すごかったあの人」を思い出すことで、私の真意をより実感を持って理解してもらえると思ったからです。

こう考えてくると、わが国の衣食住の分野、高付加価値の製造業、ハイテク産業の分野で無数の人たちの努力と工夫から生まれた商品も、文字や芸術、スポーツと同じように、誰かの心が込められた精神的活動の結晶だという事実が見えてくるでしょう。

バブル崩壊後のわが国で、とりわけ農林水産業、軽工業が自損型輸入の標的となり、続々と衰退の道を辿ったのには、私たち消費者に大きな責任があります。私たちは一次産業、そして「ローテク」と言われる軽工業を、まるで簡体字で済ませるかのように軽視してきたのです。

手を動かし、感性をフルに動員する繁体字《はんたい》のような創造的な仕事よりも、頭を使う仕事のほうが格上で稼ぎも良いと思い込み、わが国を支えてきた仕事への愛情、興味、敬意を捨ててしまったのです。

高等教育を受けるほど、古くからある単純に見える仕事を「教育を受けた人がやるものではない」と見なす風潮は明治以来、私たちの価値観に抜きがたく巣食っています。額に汗して取り組む仕事、泥や雑草と戦う仕事、肉体をフルに使って行う仕事、古い工場で油まみれになって向き合う仕事…。そういう、地方をずっと支えてきた地味で大切な仕事に対する敬意を、私たちは失ってしまいました。その結果、私たちは衣食住に関する商品への関心を失い、「そんな単純で付加価値の低い製品は、人件費が安い外国で作らせろ」と考え、自損型輸入商品で衣食住を満たしてしまいました。

仕事への尊敬がないところに、商品への愛情など生まれようはずもなく、また、価値を味わうのに必要な知識やセンスも育つわけがありません。本来は木工品も革製品も、金細工も織物も人形も、すべて「画数が多く難しい漢字」のように味わい深く、購入や使用にそれなりの覚悟や愛情を要求するものなのです。そして農家、漁師、技師、職人の方々は、みんな、こちらが心を開けばたちどころに魅力を見せてくれる素敵なモノを、いつも作ってきてくれたのです。ならば、そうしたモノは、やはり作り手が作ったのと同じ気持ちで使い、味わい、楽しむのが正しい向き合い方でしょう。

私はこういう心がけを、恩師・占部先生が紹介してくださった小林秀雄氏の「美を求める心」から学び、今でも時折読み返しては、モノと向き合う自分の姿勢を反省し、原点を確かめています。

「歴史的仮名遣い」の本も、書き手が書いた文章をそのまま味わってみて、初めて言わんとするところが見えてきます。世界が認め、憧れ、尊敬する多くの日本文化は、そうして作り手と使い手、売り手と買い手の何百年にもわたる共同作業で育まれてきたものであり、モノはその種別を問わず、心を通わせて人々をつなぐ大切な媒介でした。

しかし、消費者が歴史と文化を失い、その結果として知性と感性も減退させ、知識も教養も減ってしまった結果、営業活動における商品説明はどれだけ余計な手間を要するようになったでしょうか。見込み客への見積作業はどれだけ煩雑になったでしょうか。合理性にも様々な種類があるのに、現代の営業、販売活動で強調されるのは損得という合理性のみです。つまり、手抜き教育によって自発的な学習意欲を失った国民は、買い物という日常行為においても手抜きを続け、受動的な態度で分かりやすい尺度のみに反応し、その場その時の感情の衝動買いで生きていくのです。

こうした反省と理解を込めて、自損型輸入商品の店舗が立ち並ぶわが国の金太郎アメのような光景を眺めると、それらの店舗は「文化の処刑場」であり、「歴史の葬儀場」以外の何物でもないことが分かります。それらの店舗に、まるでＰＣＲ検査のような行列を作るコスパ病の感染者たちは、まさしく文化大革命における紅衛兵と同じ存在であり、彼らが消費を通じてせっせと中国や東南アジアへの献金活動に勤しみ、国産品不買運動、すなわち「日本文化破壊活動」に熱狂するほど、各地の職人は廃業に追い込まれ、地方の産業は死に近づいていきます。

私の地元の福岡では、近年、中央区に三菱地所が運営する大型商業施設が、そして博多区には三井不動産が運営する巨大な商業施設ができました。さらに、九州最大の繁華街である天神には九州最大のユニクロがオープンしました。新しい商業施設がオープンするたび、地元のテレビ局がレポート合戦を繰り広げ、「新名所誕生」、「人気店上陸」と朝晩叫んでいますが、どのモールもほとんどの店舗は似たり寄ったりの「文化大革命モール」といえるでしょう。

大手開発業者が運営する施設の広いテナントを独力で埋められる地場企業は、元気がいい都市と言われる福岡といえども、そう多くありません。しかし、広大な土地を運用して家賃収入を確保するには、地元に合わせて賃料を値下げするわけにもいきません。だから、商業施設が大型であるほどテナントは似たものばかりになり、都市の風景や住民の服装、ライフスタイルも画一化していきます。それは、その土地の文化の処刑と歴史の葬儀が完了したという意味でもあります。

自損型輸入商品は、バブル崩壊後に日本経済の中で存在感を強めてきましたが、その淵源を辿ってみれば、自虐的な経済構造を野放図に巣食わせてしまった真因は、戦後のわが国が歴史と文化への敬意、愛情、感謝を失ったこと、そして本来の意味での人間教育を怠ったことに起因するのではないでしょうか。

つまり、私たちが直面している自滅型の経済活動と未曾有の長期不況は、「経済偏重の国家運営」という、あたかも簡体字のような国家目標の簡略化を人為的に行い、その裏で文化、芸術、歴史、教育、軍事、外交を軽視し続けてきた戦後日本が、必然的に迎える末路だったとも考えられます。

文字が分かりやすくなったところで、その文字が意味することまで簡単になったわけではありません。物事を見えやすくしたからといって、見えないものがなくなったわけではありません。経済偏重の国家運営とは、一教科だけで大学受験を行うような気楽なものであり、低価格だけを基準に商品を企画、製造、販売、消費、使用するのと同じくらい簡単なことです。

しかし、ダイエットでも英会話でも、簡単なことばかりやっていると、後からどんどん難しくなっていくのが物の道理です。私たちは、これまで私たちが軽視し、無視してきた事柄の復讐を受けているのです。私たちは、過去から逃げて先進国になったつもりでいましたが、逃げたからといって過去が消えたわけではなく、過去はより大きな力で私たちを捕まえ、「これ以上不幸な未来に突入する前に、早く目を覚ませ」と呼びかけています。

次章では、私たちがこのまま現実逃避を続け、政治家や外国に感情的な責任転嫁を続け、居場所で状況を変えるための行動を起こさなければ、日本がどういう将来を迎えることになるかを、中国の視点から考えてみましょう。

第七章 朝鮮戦争と現代日中貿易

中国から見る自損型輸入業者

前作『コスパ病』の第十章で、私は「『日本人業者が作ってくれた日本国内の販路を、中国企業が機を見て横取り』という、日本人が排除され、無力化される結果が到来するのは十分予想できることです」と書き、自損型輸入のさらなる拡大と深刻化の可能性を指摘しました。これは、本書の第一章で紹介した旅行業、日本語学校や第二章で紹介したシーイン、ASFなどの事例からも分かるように、すでにわが国で起こりつつある現実です。

わが国ではユニクロ、GU、ダイソー、セリア、ニトリ、ドン・キホーテ、ワークマン（ベイシアグループ）、アイリスオーヤマ、業務スーパー、JINS、オンデーズ等が「デフレの勝ち組」と呼ばれ、これらの企業の経営者がテレビやネット、経済メディアで称揚されてきました。

不況下に増収増益を続ける秘訣、時代の先を読む秘訣、グローバル経済の中で勝ち抜く秘訣…。多くのテレビ局やネットメディアの広告主でもある彼らは、得意気に自社の成長要因を語っては、「アイデアと情熱があれば誰でも成功できる」、「日本人はもっと世界を知れ」、「良いものを安く作れば、お客様は必ず分かってくれる」と、わが国で長く尊敬されてきた昭和の経営者のようなご高説を垂れ始め、マスコミも国民も「実際に結果を出した人が言うのだから、やはりそうなのか」と感じては、彼らの商品を買い、企業も彼らの経営手法を模倣しました。

このように、舞台を狭い日本に限定すれば、彼らは確かに商才豊かでチャレンジ精神に溢れ、先見性があるようにも見えます。しかし、彼らの事業は自社商品を介した日本人消費者による「中国への献金代行業」に過ぎないと言えるでしょう。自慢のビジネスモデルも、アメリカ由来のSPAに日本人らしい几帳面さで細工を加えただけの亜流に過ぎません。そして、彼らの経営手法が成立するのは、中国が実現させてくれる低価格があってこそなのです。

名を捨てて実を取ることに長けている中国にとっては、日本国内での栄耀栄華《えいようえいが》と名声は彼らに独り占めさせながら、その間に日本経済を中国に依存させ、日本の国力を弱体化させられれば、それで中国の覇権確立計画は大きく前進するのです。

したがって、中国から見た彼らの利用価値は、彼らが「日中貿易」という名目で嬉々として推進する日本弱体化活動を代行できる期間に限られます。それ以下の働きなら値上げや嫌がらせで中国から追放し、それ以上の余計な働きをするなら、流通から追放して日本国内の事業を乗っ取るのみ。共産中国とは、そういう国です。

弱小国で見た中国の国家意思

中国企業は長年、大陸に進出した日本企業に対して、「格下」に見える下請け工場のような立場で協業し続けてきたことで、製造や品質管理のノウハウのみならず、日本人の消費動向や国内市場に関する膨大なデータを獲得し、今では日本企業と協力することなく、独力で対日事業を計画できるようになりました。軍事力、経済力、外交力、政治力で日本を圧倒できるようになった今、もはや日本人業者は足かせに過ぎず、「邪魔で不要なコスト」でしかありません。

こうして今や、中国が長年にわたる「韜光養晦《とうこうようかい》（願望や才能を隠して内に力を蓄え、機会を待つこと。鄧小平が言ったとされる言葉）」戦略を卒業し、わが国への経済攻勢を強めるステージが、本格的に幕を開けつつあります。

私がこう考えるのには理由があります。それは、中国と深い関係を持ったばかりに従属させられてきた小さな国々と輸出取引を行った経験です。また、個人的に長く勉強してきた旧ソ連、中国の歴史も私の懸念に裏付けを与えてくれます。

歴史を見ると、旧ソ連と共産中国が周辺国に浸透を図る時は、必ずといっていいほど、いつも相手国に使い勝手の良い捨て駒が登場します。前作は世界中で好評を集めた結果、現時点で六ヵ国語で発刊され、現在も十ヵ国語で翻訳と現地出版活動を進めているところですが、特に旧ソ連に長く抑圧されてきたポーランド、チェコの翻訳者の友人たちは、自損型輸入業者（Self-defeating importer）の存在と役割を理解すると、「わが国の歴史ならこの人物と同じだ」と言って、対ソ協力で祖国に悲劇をもたらした国賊、売国奴の名を挙げてくれました。

アジアでいえば北朝鮮の金日成、カンボジアのポルポト、モンゴルのチョイバルサンなどが中ソの覇権確立に協力した人物の代表格で、現代ではタイ、ミャンマー、マレーシア、パキスタン、イランでも、中国との関係を深める政治家が自国の国民から白眼視されながら、中国との癒着で権力基盤や財産基盤を確立させてきた事例がいくつもあります。

私はカンボジア、ラオス、スリランカといった、国際社会で存在感と発言力が低い国々と取引した際に、中国がこれらの弱小国においていかに露骨に国家意思を見せつけるかを知りました。

街中には中国企業の看板が林立し、スリランカでは中国から送られた囚人労働者が傍若無人の振る舞いを見せて現地人の反感を買い、中国が声高に叫ぶ友好や協力とは真逆の現実が各国の心ある国民を悲しませています。

こうした弱小国における中国の横暴さがわが国のテレビで放映されると、わが国の視聴者は「可哀想だね」と言いますが、その番組のスポンサーが自損型輸入業者であるという事実や、テレビを見ている部屋に彼らから購入した家具、雑貨、衣服が溢れている事実は意識さえしません。

中国の後ろ盾を得て登場した指導者は、中国を利する間は英雄と持て囃《はや》され、用済みになると処刑されました。敏腕政治家として歓迎された人物も、自由主義陣営に接近すると追放されました。ですから、現在各国で対中協力によって権勢を誇る政治家も、用済みになると追放されるでしょう。

そんな、現代中国の狡猾で巧妙な振る舞いを世界各国で見てきた私が、日本の自損型輸入業者たちを見て連想するのは、朝鮮戦争において国連軍と交戦した中国共産党の「人民志願軍」です。

朝鮮戦争における「人民志願軍」

多くの人が知っているので詳述は避けますが、朝鮮戦争とは、一九五〇年六月に始まり一九五三年七月に休戦協定が結ばれた、東アジアに激震をもたらした戦争です。

この戦争に中国はやや遅れて参戦しましたが、この参戦経緯に共産中国の本質がよく表れている気がして、韓国語が読める私は、昔から関連資料を見つけると時々読み、また、日本でもそうした本を読んできました。

一九四九年十月に成立した中華人民共和国は、それから一年もたたない一九五〇年六月に、朝鮮戦争開戦の知らせに接します。開戦時、まだ軍備が整っていなかった中国にとって、この戦争に参戦するか否か、参戦するならどんな大義名分を立てるべきか、参戦した場合の国際関係はどうなるか、参戦しなければソ連や周辺国との関係はどうなるかは、とても判断の難しい問題でした。建国間もない当時の中国には現代中国のような国力はなく、また、国際社会では外交的にも新参者で、ソ連はおろかアメリカを敵に回すような決断は慎重に避けなければならなかったからです。

しかし、朝鮮半島に自由主義陣営の国が生まれれば、共産中国への大きな脅威となります。ところが、ソ連のスターリンは米ソ衝突を望んでおらず、中国が代わりに参戦せよと要求してきます。

そこで、「戦うも地獄、戦わぬも地獄」の状況に立たされた毛沢東は、同年十月に人民解放軍の先遣部隊を朝鮮半島に潜入させ、米軍を中心とする国連軍の戦力を偵察させた後、「人民志願軍」に攻撃命令を出しました。

この志願軍には、少なからぬ数の元国民党軍兵士が含まれていました。元国民党軍とは「毛沢東に敗れた蔣介石の配下にあった軍隊」だということです。国民党と共産党が争った国共内戦は前年に終戦を迎え、多くの元国民党軍兵士が捕虜となり、開戦時はまだ大陸に残留していました。

米軍を中心とする国連軍の強力な軍備と戦線配置を偵察させた毛沢東は、敵である元国民党の兵士たちに、実戦のテストと時間稼ぎのための捨て駒になってもらおうという絶好の利用価値を見出しました。つまり「コスパ最強の捕虜活用法」を発見したわけです。

そして、志願軍に組み入れられた元国民党軍の捕虜たちは、国連軍阻止と中国の軍備増強の時間稼ぎのため、貧弱な装備のままマイナス三十度の極寒の戦地に駆り出された結果、ある部隊は国連軍に掃討され、またある部隊は人民解放軍の督戦隊に処刑されました。督戦隊とは、自軍の士気を高めたり、逃走兵を捕らえて戦陣に送り返したりする役割を担う部隊のことですが、中ソの場合は「自国兵の処刑部隊」と同義語です。

元敵軍の捕虜を組織して志願軍を編成し、地理に不慣れで悪条件も多かった参戦時の戦闘で「本体」の人民解放軍が被る損害を巧みに抑えながら、自軍の軍備増強の時間を賢く捻出した毛沢東は、北緯三十八度線を境に、北朝鮮を盾に共産圏の防波堤を作り出すことで、自由主義陣営と直接国境を接する戦後体制の確立を阻止することができました。

かつて毛沢東は日本軍を利用して国民党軍と戦わせ、共産党の勢力基盤を強めましたが、これと同じことを朝鮮戦争でも行い、「自軍が弱い間は、敵を以て敵を倒せ」という戦略を成功させたわけです。

この経過を見ると、中国という国が外国との争いにおいて何に利用価値を置き、何を避けたがり、何を求めたがるのかが分かります。しかも、朝鮮戦争時は中国の国力や共産党の国内基盤がまだ弱かったため、国際情勢の中で守勢に立たされた中国が攻勢に転じる時の行動特性が、よりはっきりと表現されている気がします。

人民志願軍と自損型輸入業者の奇妙な一致

弱小国での中国の振る舞いと朝鮮戦争の事例を見てくると、中国が外国と接し、浸透を図る時のパターンは、次のように分類できそうです。

一、自力で独立できない民族は自国内で支配する（チベット、ウイグル、南モンゴルなど）
二、弱小国は内通者を権力者に仕立てて支配する（カンボジア、ミャンマー）
三、弱小だが露骨に攻勢を強めると国際社会から非難されそうな国は、経済で浸透してから政治的に従属させる（ラオス、スリランカ、フィリピン）
四、経済強国は安売り輸出攻勢で弱体化させる（日本、ヨーロッパ）
五、軍事強国とは是々非々で付き合う（アメリカ、ロシア、英仏）

これらを踏まえて前述の志願軍の役割を見ると、志願軍は「今すぐぶつかっては勝てない敵を、倒せないまでもせめて足止めさせ、その間に自軍の増強を図り、自国への直接被害を防ぎながら、敵を打倒する作戦を立案、遂行する」という毛沢東の戦略の中で捨て駒として利用され、用済みになると捨てられたことが見えてきます。

日本における自損型輸入業者も、中国にとっては「今すぐ戦うと技術や開発力では日本に勝てないが、安売りを通じて日本の国力の根幹である経済力と技術力を弱らせ、その間に日本の技術とノウハウを奪い取り、中国の経済力、技術力の向上を果たして、日本打倒の陣形を一歩も二歩も前進させていく」という、中国の国家戦略にぴったりと符合する形で働いてくれ、中国を助けていることが分かります。

私は、自損型輸入業者が彼らの立ち位置や役割をこのような枠組みの中で自覚、自任しているかどうかは問題としません。彼らが主観的に「単なる金儲けの相手が中国だっただけで、売国奴のように扱われるのは心外だ」と思おうが、私たち日本人にとって大事なのは「彼らが客観的に日本弱体化の先鋒を担って中国を利している」という事実です。

中国がそう認めるかどうかも問題ではなく、むしろ、いつもは些細な経済問題や台湾と他国の外交関係に敏感な中国が、これほど巨大な規模の日中貿易において何の意思表示もせずに状況を放置し、黙認している事実にこそ、中国の国家意思が如実に表れていると私は考えています。

朝鮮戦争と現代の日中貿易との間に違いがあるとすれば、それは二つです。

一つ目は、中国の武器が戦車やミサイル、銃ではなく、「便衣兵《べんいへい》（民間人を装った兵士）」のように衣服、家具、雑貨、食品、産業資材、工業製品といった民生品に姿を変えているという点です。日本ではコスパ、プチプラという無邪気な言葉で表現されるこれらの商品は、日本経済を蝕み、日本の国力を弱体化させ、中国の対日覇権を確立させるための威力十分な兵器として作用しています。

二つ目は、日中貿易における「日本人志願兵」、すなわち自損型輸入業者は、強制的に従軍させられた元国民党の兵士とは異なり、自発的かつ積極的に日中貿易に「参戦」しているという点です。三年に及ぶ激しい戦いを終え、板門店で休戦協定が結ばれた時、国連軍の捕虜となっていた志願軍の兵士たちは、蔣介石が統治する国民党治下の台湾への送還を望みました。彼らは国共内戦に続くもう一つの悲しい戦争を経て、やっと最大の敵である共産党に別れを告げることができました。

一方、現代の日本人志願軍は、満州侵攻を計画していたソ連に終戦工作の仲介を期待した日本軍部のように、いまだに中国に甘い期待を抱いては、負け戦を勝ち戦だと信じて商売に励んでいます。

自軍の兵士よりも勤勉で、優れた技術と知識を併せ持ち、進んでスパイとなって日本の市場動向と消費者ニーズを偵察、分析、報告してくれ、日本国民やメディアにも何ら警戒されないどころか、かえって支持されているとなれば、中国にとってこれほど使い勝手が良く、役に立つ捨て駒が他にあるでしょうか。中国にとっては「中国が日本を攻撃しているのではなく、日本人が日本を攻撃している」という構図こそ大事で、敵国日本が弱体化するなら、それはアメリカがやろうがロシアがやろうが、韓国がやろうが日本人がやろうが、誰でもいいのです。

ラオスやスリランカの国民でさえ、民意を無視して中国と組む勢力には反感を抱いて、反政府デモを行います。ところが、わが国のコスパ病感染者たちは、対中協力者を批判するどころか、国産品を見捨ててまでも自損型輸入商品を買い漁り、国産品不買運動に熱狂するという、正気を疑う行動を見せます。戦争中のインパール作戦で敗走した日本兵の間では「馬鹿な大将、敵より怖い」という言葉が流行しました。現代なら「馬鹿な消費者、中国共産党より怖い」と言うべきでしょう。

孫子の兵法「先づ勝ちて、而る後に戦え」

私は子供の頃から漢字、中国古典、中国史が大好きで、香港と台湾も大好きです。しかし、現代の中華人民共和国だけは好きになれません。かつて中国がこれほど露骨に周辺国に対する支配欲を示した時代はほとんどなく、また、日中両国がこれほど国家の基本理念を異にした時代もありません。

だから、将来において両国の力関係が決定的な差に達した時、中国は必ずわが国を支配下に置くための軍事行動に踏み出すでしょう。したがって、現在中国がわが国に対してやっていることは、どの分野であれ、そして表面上の見え方がどうであれ、全てその布石だと警戒すべきです。

ところで、私の父方の伯父は旧労働省出身で、マネジメント社というビジネス系出版社の編集長でした。そして、日本で初めて兵法を企業経営に取り込んだ故・大橋武夫氏の著作をプロデュースした編集マンでもありました。そのため、私の家には子供の頃から大橋氏の著作があり、その中でも私は『孫子』の現実的で具体的な思想に興味を惹かれて読みふけった時期がありました。私のようなビジネスマンなら、一度は孫子の兵法を読んだ経験がある人もいるでしょう。

その孫子の中で、私がいつも勉強、スポーツ、貿易、商品企画で心掛けている言葉があります。それは「勝兵は先《ま》づ勝ちて而《しか》る後に戦う。敗兵は先づ戦いて、而る後に勝ちを求む」という言葉です。「勝つ軍隊は先に勝利を確定させてから戦う。負ける軍隊はまず戦いを始め、それから勝利を求める」という意味です。

常識的に考えれば、勝利は戦争の結果で、時系列的にも戦った後に勝敗を迎えますが、本質的には戦争における勝利は開戦時に確定されておかなければならず、それが確実な状態になった時に戦いを開始せよ、というのがこの言葉の真意です。

私は本業の輸出において、小さな会社の無名商品が海外で「いくら稼げるか」をバイヤーと緻密に計算し、「出口」を先に確定させてから、海外向けの商品企画を始めます。ビジネスの世界では「マーケットイン」と呼ばれる手法で、孫子風に言えば、「まず売れてから作れ」というアプローチです。

したがって、私は、多くの日本企業がやっているように「とりあえず商品はあるから、まずどこかの国に売り込んでみて、そこから売り先と売り方を決める」というプロダクトアウトの手法は輸出では採用しません。この点、私の輸出手法は「孫子型」です。

語学学習では、「その外国語をマスターしたといえる理想像」を緻密に描き、その語学力を成立させる要素をエクセルで細かくまとめて自作教材を作り、その作成に半年近くを充てます。これも「まず習得してから勉強を始めよ」と言えます。ランニングでは、例えば「ハーフマラソン八十分」というゴールを決めて、それを可能にするスピード、持久力、歩数、歩幅、筋力、VO2Max、心拍数を計算してから練習メニューを作ります。これも「まず達成してから、練習を始めよ」だと言えます。このように、結果から逆算して行動を設計、管理していく手法は仕事、勉強、スポーツの分野では広く普及しています。

ところが、現代中国の国家戦略にこの孫子の兵法を当てはめてみると、恐ろしい事実が浮かび上がってきます。「先づ勝ちて」という言葉は「先に日本を支配した未来を確定させる」という意味であり、「而る後に戦え」という言葉は「その未来を到来させるべく、安売り攻勢で日本への浸透を開始せよ」という意味になるからです。

朝鮮戦争の事例で見たように、中国は勝ち目のない戦いは慎重に避ける国です。そして、負けないための戦いや時間を稼ぐための戦い、協力者を利用しての戦い、捨て駒で敵を試すための戦い、旧敵を消すための戦いなど、戦い方に様々な区分と戦術を持ち、直接衝突以外の戦い方と勝ち方も巧みに組み合わせて、辛抱強く実践する国です。

自損型輸入、すなわち中国から見た「日本打倒輸出」は、すでに日中間で三十年にわたって存在し、現在も行われている「目の前にある現実の経済戦争」です。そして、中国が「経済戦争を戦っている」とは、とりもなおさず「先づ勝つ」という勝利が確定済みだと考えた結果です。自損型輸入業者は敵国日本を偵察し、弱体化させ、技術やノウハウという戦利品を強奪させるための「日本人部隊」として働いてもらえばよく、その間はASFのようにおだてて利用しますが、用済みになればシーインのように日本人業者を追い払って、中国企業だけで全てが完結する商流を日本に埋め込めば「戦闘終了」です。

個人的な感慨ではありますが、日中貿易にいつの間にか根付いたこうした構図を眺めると、私が学生時代に下関在住の学徒出陣の経験がある経営者の方からお聞きした、戦前にソ連のスパイであるドイツ人ジャーナリスト、ゾルゲと日本のスパイである尾崎秀実《ほつみ》が暗躍した「敗戦革命」の現代版を見ているように感じることさえあります。

レーニンは『社会主義と戦争』の中で「帝国主義国における戦争においては、共産主義者は自国政府の敗北を助成せよ」と書いていますが、わが国のコスパ病患者と自損型輸入業者が無意識のうちに熱中している経済活動はまさに「自国経済の敗北の助成」です。私は、目下の日本経済の状況を旧ソ連と関連付けるつもりはありませんが、レーニンの死後百年たった現代の日本でこのような現実が進行していることを、本当に恐ろしいことだと感じています。

元国民党軍の捕虜は、休戦協定の締結後に台湾に帰還しましたが、わが国の志願兵は物価や為替の変動で商売の旗色が悪くなると、三百円ショップを開店したり、家電分野に進出したりというふうに、共産中国に対する信じがたいほどの忠誠心を発揮しており、まるでシベリア抑留でスターリンに洗脳され、帰国を拒んで共産主義思想の学習に熱中した一部の日本人捕虜のようです。

前作でも書いたように私は陰謀論が嫌いで、中国共産党や日本の自損型輸入業者が陰謀に従ってこのような策動を行っている、と主張するつもりはありません。私が問題としているのは「陰」ではなく、あくまで私たち日本人が毎日、日常の光景として全国各地で見ている「陽」の事実であり、日中貿易の中で存在し、進行している現実です。そして、私たちを取り巻くこの厳然たる事実が見えないか、見えても不可解な消費行動を続ける日本人消費者に対して、「コスパ病に感染していますよ」と警鐘を鳴らしてきたのです。

いつまで「戦後」で考えるのか

私が初めて「戦後○年」という言葉を聞いたのは、小学生か中学生の頃でした。そして、大学二年生の時に「戦後五十年」という言葉を聞き、半世紀の節目を象徴するような出来事となった阪神・淡路大震災、オウム真理教の事件が発生し、メディアが盛んに戦後、戦後という言葉を使っていることを意識しました。

それから戦後六十年、戦後七十年という言葉を聞き、最近は「いつまで戦後、戦後と言い続けるのだろうか」と思うこともあります。私たち日本人に及ぼした敗戦の打撃と影響は、それだけ大きいということなのでしょう。

しかし、一国の状態は「戦前」の比較でも見えてくることが多くあります。

開国以来、わが国は日清戦争、日露戦争を戦い、第一次世界大戦は部分的な形で参戦し、第二次世界大戦では完膚なきまでに敗北しました。戦争についても現在でも様々な立場からの意見がありますが、本書では詳述は避け、あくまで現代中国のみを対象として考えます。

近代日本の戦争において、アメリカ、イギリス、ソ連などわが国が直接戦火を交えた国々の国際戦略や謀略にも一定の効果はあったと思いますが、わが国が戦った全ての戦争の遠因は、日中関係と日露戦争の戦後処理にあると私は考えています。列強の思惑も複雑に絡み合うなかで、日中両国が納得する形で外交を行えず、状況を安定させられず、事態を打開できなかった幾多のすれ違いが積み重なった結果、戦争を終えた今も、日中両国は敵対関係にあります。また、両国民が相手と仲良くなりたくないなら、ならなくてよいと考えています。

ところが、こと経済に関する限り、日本にかつてこれほど中国製品が溢れた時代はなかったと言えるくらい、わが国は中国に依存し、影響下に置かれています。しかも、そのほぼ全ては中国人ではなく日本人によって持ち込まれ、流通しています。世論調査で「一番嫌い」と答える国で作られた物品が自国の日常生活や産業にこれほど浸透しているとは、歴史的に見ても驚くべき事実です。

心ある国民はこの現状を嘆き、悪しき依存を戒めていますが、自民党を中心とする政府と大企業は、かつての関東軍のように前のめりで中国への関与を深め、一般国民には不可解な関係を「正常化、友好」の名の下に構築してきました。この、国民的コンセンサスが不十分なままに特定の勢力が中国にズブズブと足を突っ込んでいくパターンは、満州の権益拡大と維持を求めるうちに、ついには日本全体が泥沼の悪夢に巻き添えにされた戦前の歴史と似ていて、たとえ戦火を交えていないとしても、私は現代の日本政府と一部の企業の対中経営姿勢をとても批判的に見ています。

歴史が示すとおり、現代中国にとって、相手国に存在する中国人、中国企業、中国製品は全て「自国の意思を遂行するための武器」です。また、自国内に存在し、展開する外国人、外国企業、外国製品、外国の権益は「中国との関係への真剣さを試すための人質」です。そうだと考えれば、わが国に氾濫する無数のコスパ商品の存在は、何を意味するのでしょうか。中国に拠点を置き、中国で事業を展開する日本企業や日本人ビジネスマンの存在は、何を意味するのでしょうか。

私は九州を舞台に輸出業を行っていることから、日本経済を考える時も、主に九州での体験を土台にした現状認識に偏ってしまうのですが、日本経済の持続性、平たく言えば「地方の産業が国産品や日本人従業員だけで自活していける猶予期間」は、九州の現状を見る限り、よくて二十年だと考えています。

国産品で経済が回り、成長していたバブル以前の日本経済の体験、記憶があり、自損型輸入商品に占領される前の地方の産業を体験的に知っており、実習生に依存しなくても生産活動を行う方法を知り、贅沢はしないまでも質素な生活で地域経済を回していけるコミュニティが持続できるのは、現在五十代の人が七十代を迎える頃くらいまでではないか、という何の根拠もない、しかし肌感覚で感じる実感からです。

それから先は、コスパ商品に囲まれて育ち、豊かだった日本の体験も記憶もなく、衰えた日本しか知らない世代が社会の中核を担います。そうすると、日本社会のあらゆる分野から活力が失われ、日本はただ海に漂う木の葉のように、国際情勢の大波に揺られ、受動的に情勢に反応するばかりで、主体的な国家意思の遂行を行えるバイタリティを失った、東アジアの旧老大国に没落すると懸念しています。

仮に、わが国が現状の経済を放置し、自損型輸入を阻止せずに、地方のあらゆる産業が中国に依存し、フィリピンのように「まともな国産品も輸出品も生産できず、安物の中国製品を買わされるだけ」という国になれば、中国は軍事力に頼らずとも簡単に日本の生活を支配し、圧迫し、破壊することができ、貿易を通じて思いのままに対日経済制裁や対日恫喝《どうかつ》を行うことができます。

日本向けの生産や供給が止まっても、元々「中国が輸出した」という構図で始まった貿易ではないので、供給停止や物価高で日本国民から糾弾されるのは、日本人の自損型輸入業者だけです。つまり、日本人への責任転嫁もすでに完了済みということです。

もちろん、わが国の問題は日中関係だけではなく、農産物や防衛の面ではアメリカとの間にも複雑な問題を抱えており、その他の資源や食糧では世界の様々な国々と密接に関わっているので、それらの情勢への対処を誤ってわが国の国力がさらに低下すれば、わが国が中国に対して屈服し、従属するのはそれより早いかもしれません。

ここまでの内容を要約してみると、次の状況が日中を取り巻く客観情勢です。

一、日中両国の国益と基本方針が相容れない
二、外交的、経済的、軍事的にも対立関係にある
三、朝鮮半島、東南アジア、ロシアが中国になびきつつある
四、日本経済の弱体化が止まらない
五、アメリカの影響力も年々低下し続けている
六、中国が香港や台湾に対して露骨な行動を取り始めた
七、しかし日本の権益や利権は中国と結びついている

こうした現代の東アジア情勢におけるわが国の姿を見ていると、中国が日本に対して覇権確立のための行動に出るまで、そう多くの時間が残されているとは思えません。

中国との貿易戦争が、安い輸入品という「実弾」を使って行われている以上、私たちが取れる最も有効な防御策は「買わない」という反撃です。たったこれだけで、私たちは自損型輸入

業者も対中協力者も一気に無力化でき、私たちのふるさとの産業を再生させ、再び活力ある経済を取り戻せます。そもそも、自国民が自国産品を買わない国では、いかなる経済対策も効果を発揮しません。

そのために大切なのは、私たちが国家観を取り戻し、大局観に立って日本の座標と現状を見つめ、問題を正しく受け止めて、各々が居場所で解決を担うという覚悟を決めることです。

次章では、中国とは異なる国との関係から、再びわが国が置かれた立場と私たち日本人の姿を見つめ、自損型輸入を完全に克服する方法を考えましょう。

第八章

「経営ごっこ」が終わるとき

儲けても尊敬できない企業

これまで何度か記載しましたが、私は昔、経済誌の記者として働いた経験があります。経済誌とは企業の商品、サービス、技術、経営そのものを題材とする媒体であるため、取材相手は社長、専務、常務などの決裁権を持つ人たちが中心です。

私は二十代前半に記者の仕事を通じて多くの企業、産地、工場を訪れ、多くの経営者、生産者、職人を取材して、心から尊敬できる人物や、反面教師になりそうな人物にも会い、自分の人生観と経営理念を模索し、確立させるための有益な仕事ができました。

その後、二十五歳で独立して以来、二十二年間にわたって自分の事業を経営してきたので、私も自分なりに尊敬すべき経営者、目指すべき経営者の像を持っているつもりです。それは、

「独立自尊で祖国と故郷を愛し、仕事には独創性と情熱を発揮し、祖先への感謝と子孫への責任を胸に明るく粘り強く事業経営に当たるリーダー」という像です。

ですから、私には会社、事業、商品の売上高や知名度は重要ではなく、その人物がたとえ無名の中小、零細事業者であれ、自らの運命と郷土の未来を背負って真剣に仕事に打ち込んでいれば、心から尊敬できます。私自身もそうした方々をお手本にしながら、事業を行ってきました。

私が特に好きなのは職人、農家、漁師、専門性の高い自営業者の方々、地域と密着した事業を行う中小・零細企業の経営者で、彼らの話からは、いつも「郷土の歴史を背負って生きている」という仕事の臨場感、厳しさ、充実感が伝わってきました。私は当時、そうした方々の取材を終えるたび、まるで数時間こもった図書館から出てきたかのような感動を味わったものです。

そんな私の眼には、企画、開発、生産、製造、雇用という事業の中核的な要素を全て海外に移し、日本では実現できない不公平で有利な経営条件を武器にして、価格だけの競争を自国に仕掛けてのし上がり、業界の頂上でふんぞり返る経営者は、「反則プレーで勝ち上がった卑怯なボクサー」としか見えず、いかに多くの利益を稼いでいても、尊敬や学習の対象として見ることはできません。

彼らが日本国内で原材料を調達し、日本人を雇用し、日本国内で製造して好業績を出し、地元や日本経済に貢献していれば、私も彼らを称賛するでしょう。しかし、フェアとは言えない条件で稼いだ企業なら、そんな企業の経営者や経営手法を持て囃す報道は有害無益です。

なぜなら、私には、彼らがやっていることが日本企業の経営だとは思えないからです。

では、彼らのやってきたことは何なのか。私に言わせれば、それは「経営ごっこ」です。

「ごっこ」という世界観から見える日本

「ごっこ」とは、言うまでもなく子供の遊びです。大の大人がやっている仕事、それも他社を圧倒する何百億円、何千億円という売上を上げている経営者の事業をごっこ扱いするなんて、いくらなんでも言い過ぎだ、と考える人もいるでしょう。

しかし、私があえてこんな俗語を用いたのは、何も業者を幼稚な言葉で感情的に非難したいからではなく、この言葉を使わなければ理解できない深い問題があると考えてきたからです。

評論家の故・江藤淳氏の作品に『一九四六年憲法――その拘束』（文藝春秋）という政治評論があり、その中に「『ごっこ』の世界が終ったとき」というエッセイがあります。

これは要約すれば、戦後、日米安保条約で強力な米軍の保護下に入った日本で、いくら日本人が戦争や平和を語り、様々な運動を繰り広げても、それは所詮「ごっこ」でしかない、という現代日本の冷厳な現実を語った短編のエッセイです。

子供が「電車ごっこ」をするときは、当然のことながら本物の電車に轢《ひ》かれて死ぬおそれはなく、鬼ごっこや警察ごっこをする時は、頭から角が生えたり、指先から実弾が発射されたりすることもありません。「やられた！」と叫んで倒れる子供、親、友達も本当に死んだわけではなく、「死んだふり」です。大人は子供たちがいきいきと想像する世界にともに没入し、鬼、泥棒、悪役を演じてあげて、子供が楽しむ仮構の世界の設定と臨場感を壊さないように配慮しなければなりません。

これだけなら、日本中どこでも見られるかわいらしい子供の遊びで、少年期のごっこ遊びは子供の想像力と社会性を育む大切な遊びです。

江藤氏は、ごっこ遊びの世界が成り立つ条件を次のように書いています。

「つまり大人たちは距離を保持し、保護を約束してやらなければならない。もし大人がこの契約を無視して、子供の眼の前に本物の鬼や電車を持ち出したら、すべてはぶちこわしになってしまう。この世界には経験に対する渇望は存在するが、決して真の経験は求められていないのである」

小さな子供たちは、本物の警察や正義のヒーローになることはできません。しかし、警察やヒーローが活躍する世界で悪と戦い、ボスを倒して世界の平和を取り戻す快感を味わいたくてたまりません。こうした現実と理想の距離感が子供の渇望を生み、ごっこ遊びの世界観を脳内に投影させます。そして、ごっこの世界独特のこうした前提条件を説いた後、江藤氏の指摘は一転、「戦後日本に本物の経験が存在しないこと」に及びます。

「だから、ごっこというものは、つねに現実の行為よりなにがしか自由である。そこでは、現実が稀薄になるにつれて自由度がたかまり、禁忌が緩和されるにつれて昂奮の度合もたかまる。つまり遊戯というものの面白さは、この自由さ、身軽さを味わうことの面白さにほかならない」

安保条約に反対した学生運動、ベトナム戦争に反対して展開された反戦平和運動、憲法九条を守ろうと主張した護憲運動。これらの活動に熱中した日本人は、「子供」であり、子供たちが興じる「政治、思想運動の名前が付いたごっこ遊び」は、核戦力を含む強大な軍事力で日本を見守るアメリカという「親」の黙認と保護があって、初めて演じることが許された、戦後日本特有の虚構ともいえる思想風景でした。

したがって、当時の「子供たち」が激烈に展開した「自分たちも戦っているのだ」、「戦争の苦しみと悲しみを知る自分たちこそ、平和を語る権利があるのだ」という主張も、実は、自国では戦争も平和も決定できないという悲しい現実と、「平和のために戦うヒーローになりたい」という理想への渇望との間に生じた幻想にすぎず、したがってこうした政治、言論活動もまた「ごっこの域を出ない」と結論したのが、このエッセイの眼目です。

日米安保条約、日本国憲法、対米政策については様々な立場と意見があり、その賛否を論じることは本書の目的ではないので政治的な話題は扱いません。しかし、主義主張や好き嫌いを問わず、戦後のわが国の平和が日米安保条約によって守られてきた事実は、誰もが認めるはずです。

だから、いくら日本人が平和を叫んでも、自分たちが体を張って、血を流して平和を守っているという事実も実感もなく、その経験もできません。北朝鮮の脅威を説いたところで、心の中では「いざという時には米軍が守ってくれる」と思っているので、本気で国防を考える必要はなく、防衛予算の議論には真っ向から反対して「防衛予算を子供たちへ！」と叫ぶ人もいます。ウクライナの善戦を称えたところで、まさかロシアが日本に侵攻してくるなんてことは考えてもいないし、気にしているのは石油、天然ガス、小麦の値段という日常生活の話題だけ。

今と変わらない、当時のわが国のダブルスタンダード的な思想風景を、江藤氏は国防、憲法、自衛隊の論議に明け暮れていた当時の世相を題材にして、次のように描写します。

「実際この社会は、真の経験というものが味わいにくい社会である。どこかに現実から一目盛りずらされているという感覚がひそんでいて、そのもどかしさと、そのための自由さ、身軽さが混在している。たしかに禁忌は緩和されているが、その半面ある黙契があって、なにかに対する共犯関係を強請されているという気分がびまんしている。みんながわれにかえらないために協力しあっているかのようであるが、ひとりひとりをとってみると、麻酔の覚めかけに味わう吐き気のようなものを感じはじめていて、いったいこれはどういうことだろうかと思っている」

「われにかえらないための協力」が、政治的主張では相容れないはずの保守と革新との間にも成立しているという奇妙な現実こそ、戦後日本の絶妙なごっこ的世界観の基本的構図です。

革新陣営は「憲法九条が日本を平和な国にした。日米安保は日本を戦争の危機に巻き込む」という虚構を信じて政治、言論活動という演技を行わないと辻褄が合わなくなり、保守陣営は自衛隊が国防を担っているという現実を強調して、式典や演習に郷愁を感じるふりをしなければなりません。

私は、自衛隊の方々が崇高な使命感を胸に、日夜日本を守るために厳しい訓練を重ね、日本各地で活躍していることに感謝し、敬意を抱いている日本人の一人です。しかし、歴史的、政治的な存在としての自衛隊をめぐる外野の論議は、保革双方の政治的事情、つまり「わたくしごと」という願望から必要に迫られて演じているだけのごっこ遊び的な態度の反映に見えなくもありません。どちらの陣営も、内心では「私たち日本人は、実は自分たちの手で自分の国を守っておらず、自分の国の運命を引き受けていない」という現実をよくわきまえながら、その事実は都合よく無視し続け、憲法解釈や自衛隊の位置付けを論じて空回りを続けてきたのが戦後日本の言論でした。

こうした歪《ゆが》んだ思想風景と言語空間を評して、江藤氏は次のように続けます。

「ごっこの世界とは、したがって公的なものが存在しない世界、あるいは公的なものを誰かの手にあずけてしまったところに現出される世界、と定義することができるかもしれない。それなら公的なものとは何か。それは自分たちの運命である。故に公的な価値の自覚とは、自分たちの、つまり共同体の運命の主人公として、滅びるのも栄えるのもすべてそれを自分の意志に由来するものとして引き受けるという覚悟である。それが生き甲斐というものであり、この覚悟がないところに生き甲斐は存在しない。よってわれわれには生き甲斐は存在しないのである」

国防は国策の最重要事項であり、国の安全なくしていかなる政治、経済活動も行えません。実際に戦争を行うかどうかは別として、もし祖国に危機が訪れれば、自分たちで自分たちの国、家族、ふるさとを守るという決意があってこそ、初めて国家は国家として運営されます。

その覚悟が共同体という、同胞意識が伴う「公の世界」を成立させることを考えれば、国防を他国に預けて実質的に主権を放棄し、他国が主導権を握る中途半端な国家的運命を背負い、「軽武装で経済重視」という簡略化された国づくりに邁進してきた戦後のわが国に「生き甲斐は存在しない」という江藤氏の指摘は、実に冷厳《れいげん》であり、適切なものです。

そうした戦後特有の思潮を振り返ると、左派と右派、つまり革新陣営と保守陣営が繰り広げてきた「軍隊を持つか持たないか」、「自衛隊は軍隊か、軍隊ではないか」、「自衛戦争にはどこまでの行為が含まれるのか」という議論自体がごっこ遊びであり、わが国の根本的な運命とは本質的に関わりのないところで展開されてきた「お遊戯的な論戦ごっこ」だったと考えることもできます。

なぜなら、真に主権を持つ国家においては、国防や軍隊とは意義や目的を問うまでもなく存在するものであり、軍事力を備えた組織にわざわざ「自衛」という名称を冠すること自体が虚構めいているからです。軍を軍と言わないこと自体が、すでに虚構です。議論の第一歩が虚構から始まるのなら、議論自体をいくら重ねても、チェーンが外れた自転車のように言葉というペダルが空回りを続けるばかりで、いくら努力しようが、事態は前進も解決もしません。

地方の輸出にもある「ごっこ」的世界

さて、輸出を通じて地方活性化を目指し、過疎地の産物の輸出に関わってきた私は、実は補助金に支えられた輸出促進事業で「輸出が成功した」と言う行政職員の姿や、内心では誰もそれで故郷が潤うとは思っていない「町おこし活動」に勤《いそ》しむ農家や職人の姿を見ては、「補助金がなければ、一体どれだけの企業が輸出に取り組むのだろうか」、「補助金でとりあえず作っただけの販促資料が、どれだけ海外バイヤーの購買意欲を惹き付けられるのだろうか」と疑問を抱き、「これも、小さなごっこ遊びではないだろうか」と何度も感じてきました。

ところが、「補助金があるからやってるだけでしょ?」、「海外バイヤーの目は、そんなに甘くありませんよ」と発言するような、「本物の鬼や電車を持ち出す」という大人の余計な行為は、一部の地方活性化の現場においては、やってはいけないことになっているのです。

私は以前、福岡で「輸出ごっこはやめましょう。海外のバイヤーからは、単に日本産・日本製というだけでは相手にされず、本気で海外に売り込みたいと望む会社の商品でなければいけません。このなかに、補助金なしでも本気で輸出商品を育てる覚悟がある企業は何社ありますか？」と発言し、場の雰囲気を凍り付かせたことがあります。

関係者を不快にさせたのは「輸出ごっこ」という言葉でしたが、言葉そのものが失礼だ、無礼だと言う前に、中途半端に輸出を目指し、あわよくば買ってほしいと甘える態度こそ海外のお客様に失礼で、私はそんな仕事は「売り手と買い手の双方にとって時間の無駄で、日本人として恥ずかしくてできない」と言っただけのことです。

今や地方自治体には、地元の経済活動を支援する予算も余力も残されておらず、地方交付税交付金の獲得も年々難しくなっていき、自力で自分の郷土の運命を引き受けなければならない時が迫りつつあります。つまり、地方経済の「安全保障体制」は年々形骸化し、弱体化し、無力化し続けているのです。まるでわが国が、いずれ自力で自国の運命を担わなければならないように。

日本人のそうした「現実への覚醒」を予期し、期待しているかのように、江藤氏は次のような言葉で締めくくっています。

「そのときわれわれは、自分たちの運命をわが手に握りしめ、滅びるのも栄えるのも、これからはすべて自分の意志で引き受けるのだとつぶやいてみせる。それは生き甲斐のある世界であり、公的な仮構を僭称していたわたくしごとの数々が崩れ落ちて、真に共同体に由来する価値が復権し、それに対する反逆もまた可能であるような世界である。われわれはそのときはじめてわれにかえる。そして復権された自分と現実とを見つめている。今やはじめて真の経験が可能になったのである」

「達成された自己同一化とは敗者である自己に出逢うことであり、回復された現実とは敗北にほかならなかった。われわれの運命とは完膚なきまでに叩きつけられた者の運命であり、われわれにとっての公的な価値とは敗北した共同体の運命を引き受けるところに生じる価値である」

「自信とか精神とかいうものも、実に敗者である自己に出逢い、敗北した共同体の運命を引受けるところからしか生れはしない。敗北に出逢うことは屈辱ではない。この事実を勇気をもってになうところからしか、本当に沈着な自信は生れない」

戦後の私たち日本国民が目を背け、無視し続けてきたものの、実は厳然として存在し続けていた現実とは、「戦争で完膚なきまでに叩き潰された国」という現実でした。この結果と出発点を共同体の運命として引き受ける覚悟を私たち国民が持ったとき、その社会には初めて「公的な価値」が生じ、「真の経験」が可能になって、「本当に沈着な自信」が生まれる。つまり、ごっこの世界の舞台装置が崩れ落ち、真に立ち向かうべき、建設に邁進すべき日本の現実が現れてくるということです。

これは、政府や自治体という「米軍」に甘えがちの地方の小さな会社の輸出にも当てはまることなので、私は輸出プロジェクトを組織する時は、何より最初に独立自尊の気概と覚悟を持って取り組むことを関係者に呼びかけています。

売上と存在価値が反比例する経営

長々と、貿易とは話題が異なる政治・外交分野のエッセイを引用しながら、わが国の不思議な思想風景を眺めてきたのは、私の眼には自損型輸入と戦後日本の安保体制に共通点があるように思えるからです。ここで、前作第十章の記述を振り返ってみます。

「自損型輸入の『プレーヤー』は日本企業であり、各業界で上位に並ぶ企業たちは、日本だけで見ると業界内での価格決定権、すなわち競合他社に対する『生殺与奪の権』を握っているように見えますが、彼らの武器である『低価格』は日本企業が望み、努力しただけでは成立せず、『中国の黙認、協力』という条件が不可欠です。つまり、一連の問題に対する真の生殺与奪の権は中国が握っており、日本国内でマスコミや経済誌が『デフレの勝ち組』、『景気先読みの達人』、『現代の名経営者』と称揚する企業や経営者も、結局は『打倒日本』という中国の覇権強化の一環で使い捨てにされる『哀れな捨て駒』に過ぎないのだと考えることもできます」

これを戦後日本の言論活動に置き換えてみると、「実際は、米軍の黙認と保護で守られているのに、自分が平和を守っているのだと思い込んでいる左派言論人」と、「実際は、中国の黙認と協力で経営基盤を支えてもらっているのに、自社の経営努力で成功しているのだと思い込んでいる自損型輸入業者」は、どちらも同質の「ごっこ遊びに興じる子供たち」に見えてこないでしょうか。

左派の言論人が真に日本の運命を引き受け、平和と民主主義を築いた存在ではないように、自損型輸入業者も、真に日本経済の運命を引き受け、繁栄を築いた存在ではありません。左派の言論人は借り物、もらい物の平和を自分たちの護憲運動や市民運動が作り、守り抜いたと詐称してきた人々であり、自損型輸入業者も祖国を裏切り、同胞を見捨てることで獲得した「低価格という借り物の武器」で稼いだだけの商売を、自社独自の経営と詐称してきた人々です。

つまり、自損型輸入業者の収益は、日本人としての運命を受け入れず、責任から逃げ、日本社会との絆を捨てて実現させた低価格によって獲得された、非社会的な虚構の収益なのです。

故郷の疲弊、地場産業の衰退という経済敗戦の現実を逃げずに受け入れ、真に運命を引き受けてきたのは、どんなに郷土愛を叫んでも働き手が集まらない無力感、必死に栽培や生産に打ち込んでもスーパーから「高いね」と一蹴される屈辱、全力で声を張り上げて販売しても、目の前の群衆がプチプラ商品の店舗に流れて行く光景を眺めるしかない絶望といった、幾多の感情的な試練に耐えながらも、明日を信じて周囲を励まし、買ってくれたお客一人一人に笑顔で語りかけ、先代、家族、従業員、お客のために奮闘する、幾千、幾万の黙して語らぬ小さな事業者たちです。

彼らの仕事は毎日が真の経験の連続であり、彼らは日々経験する小さな出来事を通じて、滅びゆく故郷《ふるさと》、よみがえった故郷、取り戻すべき故郷を肌でしっかりと感じています。

彼らは、自分が責任を背負うべき時代と場所を捨てて、安易に中国や東南アジアに事業の軸を移し、「事業を経営しているふり」をするような仮構の世界で働くことはしません。なぜなら、ふるさとの復活は、そこに暮らす自分たちが故郷の資源、材料、設備、技術、人手、工場、農場を使って生み出したものを販売し、そこから得た稼ぎを共同体に還元することによってしか果たされないと知っているからです。

私の住む九州に限らず、地方の事業環境は低迷、縮小する経済の中で年々厳しくなっていますが、だからこそ各地の生産者や職人は、自社の事業を「地場経済の自衛活動」と位置付けて使命感を奮い立たせています。そして、郷土の暮らしを守り続けるために、次世代にその手段と環境をより良い形で残すことが不可欠だと信じて、先代から受け継いだ思いを胸に仕事に打ち込んでいます。

だから、こうした真の経験に支えられた本物の仕事には、「ごっこ的世界観」など入り込む余地はありません。

田舎で黙々と働く彼らは当然英語も話せず、海外事情も知らないし、流行のビジネス用語や最新のトレンドも知りません。しかし私の目には、郷土の運命を受け入れて、自分の居場所で小さな経済圏の維持と再建に打ち込む彼らの姿のほうが、世界の中の日本を体現しているように見えます。

それは裏を返せば、日本経済の現実から目を背けて逃げ、早々と製造ラインや利益創出ポイントを海外に移し、スタートもゴールも日本と関わりを持たないにもかかわらず、売り先だけは日本という、自社の単なるカネ儲けに熱中しながら、「グローバル化」を謳う自損型輸入業者の経営には、日本人として世界や時代と関わる「真の経験と言える要素」、「生き甲斐と呼べる要素」が何一つ存在しない、ということでもあります。

国内の事業者が、苦境の日本経済の条件を受け入れて努力し、郷土に腰を据えて稼いだ小さな利益は、郷土の過去を受け止めて、郷土の未来を切り拓いた証拠であり、とても価値があるものです。しかし、自損型輸入業者が稼いだ巨額の利益は、同胞が力を合わせて立ち向かう現実から逃避し、産地と業界を見捨てて同胞を苦しめ、外国と内通して獲得した「敵前逃亡」や「スパイ活動」の成果のような利益です。つまり、国内で産地、業界の経済規模の縮小に反比例して事業を拡大させてきた彼らは、「売上と利益の増加に反比例して、日本での存在価値が低くなる企業」なのです。

だから私は、彼らが自社の経営手法や決算の数字をどれだけ得意満面に語っても、メディアが持て囃しても、反国家的な経営活動を行う企業の活動を「日本企業の経営」だとは思えません。

さらば、自損型輸入

本章で理解し、共有した戦後日本の構図を踏まえて、自損型輸入の本質を再び考えてみましょう。

自損型輸入には、産地と業界の破壊以外に何か一つでも次世代、後世に残るものがあるでしょうか。誰かが受け継ぐ価値がある要素があるでしょうか。あるはずがありません。なぜなら、自損型輸入業者は、その経営を選択した時点から共同体の運命など引き受ける気はなく、そんなものは無駄なお荷物、余計なしがらみだとしか思っていないからです。

だから、彼らの事業は共同体の外にある外国の経済を回し続けるだけで、祖国日本と関わる真の経験は存在しません。よって、彼らの事業に「日本企業の経営は存在しない」のだとも言えます。

国内の生産者と企業は、地元と日本の経済状況、経営環境という運命を正々堂々と受け入れて、苦しみながらも明日を信じて仕事に励んでいます。いっぽう、自損型輸入業者は、中国という「親」が成り立たせてくれた「日本よりも安い生産・製造環境」という「ごっこ的世界」に身を置くことで、日本の運命は共有せずして日本国内での経営の自由と身軽さを謳歌し、国産より安い商品を作って儲けては、自分も日本の経営者であるふりをし、日本経済を案じているふりをし、世界経済や日本の産業政策を論じてみたり、成功者としての経営論を語ってみたりします。

このように、中国の黙認と協力で成り立つ経営環境に守られて事業を経営してきた業者たちや、彼らを褒めちぎるマスコミの姿は、この「ごっこで成り立つ仮構世界」の舞台装置を知ってしまった私たちには、実に滑稽に映ります。彼らの姿はまるで、日米安保条約に守られているおかげで、よほどのことがない限り戦争が発生する可能性がない現在の日本で、「憲法九条があるから平和だ」と主張する政治家や言論人と同じくらい滑稽です。しかし事実は、「日米安保条約があるから平和」なのであり、「平和だから憲法九条が持てる」と認識すべきであることを私たちは知っています。

そして、私たちは今、自損型輸入業者が「経営が上手だから儲かっている」のではなく、「中国の保護で反則経営が成り立つから儲かっているだけ」という事実も知ってしまいました。

私たちは「大手と中小」、「大都市と地方都市」、「老舗とベンチャー」といった分類で企業を見ることに慣れていますが、日本国内で日本の法律、規制、条件に沿って経営している限り、そうした差はそれほど決定的なものではありません。

それよりも、経営条件を見る一つの視点として、「その会社の経営環境は、日本の運命を引き受けたものか」、「その会社と商品は、本質的に日本をどれだけ豊かに、幸せにしているのか」という判断基準を持ってみるのも有益ではないでしょうか。つまり「経営か、経営ごっこか」という区別をしてみれば、私たちがその会社を応援すべきかどうかを判断しやすくなるということです。

こう考えてくると、戦後日本がその始まりから国防を放棄して歩み始めたように、その始まりから日本を無視し、経済国防への関与を放棄して生まれた自損型輸入は、所詮《しょせん》「経営ごっこ」でしかなかったという単純な事実が見えてきて、彼らの商品もその存在意義を根本から失います。

ごっこ遊びに興じる子供たちが、口々に憧れのヒーローの必殺技の名を叫ぶように、業者たちも、大人たちが使う言葉を真似して「グローバル経済」、「ダイバーシティ（多様性）」、「サステナビリティ」、「エコフレンドリー」、「ボーダレス」、「エシカルビジネス」、「ＳＤＧｓ」、「ソーシャルビジネス」というビジネスの必殺技の名を連呼し、日本社会に貢献しているのだと表明します。

しかし、それは自損型輸入で経営が成り立っている限り、「実は自分は日本に全く貢献していない」、「私は儲けのために祖国に背を向けている」という後ろめたい現実と、「自分は良いことをしていると思われたい」、「自分はビジネスが上手だと思われたい」という叶わぬ理想との落差が生み出す渇望から発せられる虚ろな遠吠えにすぎません。

そのような声は、虚構を見破って「われにかえって」しまった消費者の耳には、もはや響きません。なぜなら、黙して語らず運命を引き受け、現実を受け入れて、共同体のために真の経験に立ち向かい、そこに生き甲斐を見出す日本人の存在に、私たちは気付いてしまったからです。

私たち国民、消費者がこの事実を知った以上、もはや、自損型輸入業者が日本で生きる道はなく、自損型輸入商品が日本で売れる理由もありません。彼らの売上、すなわち「日本経済の被害総額」は、そのまま「国産企業の遺失収益」となり、私たち国民、消費者が危険で有害な侵略的外来種に与えてきた「お金」というエサを、わが国の固有種である地産品、国産品に少しずつ振り向けていけば、売上というエサを失った特定外来企業と特定外来商品は数年で餓死《がし》して消滅し、全国各地から金太郎アメのような店舗も消滅して、その跡地にふるさととの希望の花が咲き始めます。

前作で提唱した「消費者主導の地産地消」による日本経済の大復活は、個人的には憲法改正にも等しい経済分野の主権回復に繋がると私は信じています。自分で自分を守っていなかったのは、国防も経済も同じでした。自国を自分で守るという決意を放棄し、先延ばしにしてきた国が、経済においても自信を喪失し、自己を見失うのは当然の帰結です。私たちはそろそろ甘えを捨て、現実を直視し、理想を描き、日本への回帰を始めるべきではないでしょうか。

今こそ自損型輸入に別れを告げ、私たちそれぞれの居場所で、できることから小さな形で地産品、国産品を少しずつ買い支え、大切なふるさととの経済に買い物を通じてお金という血流を豊かに通わせていこうではありませんか。そして、自損型輸入商品という老廃物と汚染物質に傷つけられ、動脈硬化を引き起こす寸前だった「経済活動の血栓」を除去し、作り手、売り手、買い手、使い手の心が通い合う、強く豊かで優しい地方経済の毛細血管を鍛え直していこうではありませんか。

地方経済の血管が滞り、日本経済が重病を発症して、最終的に死に至るまでには、まだ時間があります。しかし、政治や外交に頼っていては間に合いません。

買い物という「偉大な国づくり運動」を通じて、税金や補助金に頼らずに経済を再建させ、物心両面でふるさとを再び豊かにできる力を持つのは、私たち消費者だけです。そして、そのためには、賢明な判断と深い感動を伴う「真の買い物経験」が必要です。

国内の様々な産地、業界で奮闘する生産者、メーカー、職人、販売店を正確に、そして効果的に応援し、それを通じて身近な所からお金を落とし、循環させ、私たち消費者自身も豊かになっていくため、次の第3部では分野別、段階別に、地方経済と日本経済の再建に向けた具体的で現実的な対策を語りたいと思います。

第3部

「消費者主導の地産地消」が拓く未来

第九章

経済再建は「言葉の国産化」から

ある輸出事業で学んだ「言葉の定義」の大切さ

「輸入デフレ」、「産業の空洞化」、「安価な海外製品の流入」といった言葉では日本経済の問題を理解できなかった私が、自分なりにこれらの言葉の背景、関係者、特徴を調べ、目の前の現実と対応する「自損型輸入」という言葉を作った経緯は、序章で説明した通りです。

問題と正確に向き合うには、まず適切な言葉で事実を認識する作業が不可欠であるため、前作で私は言葉を作って読者と共有することに注力し、「コスパ病、自損型輸入、日日経済内戦、非社会的商品、特定外来商品」という五つの造語を行いました。これらの言葉が読者の間でも「分かりやすい」、「よく使ってます」、「流行らせます」と好評を博した結果、メディアのみならず、読者の方々の日常会話やＳＮＳでも少しずつ広がりつつあり、手応えを感じているところです。

このように、私がいつも物事を考える際に言葉にこだわるのは、学生時代から二十七年間、ずっと外国語を学び続け、仕事でも日常的に外国語で会話し、外国語の文書を作成する機会が多いことも一因です。外国語で考え、外国語で読み、外国語で書いてみることで、初めて概念や用語の定義が正確に理解でき、商談相手やパートナー企業と共有され、事業や契約が進展することもあるので、私は特に国際技術移転の事業で、言葉を正確に定義する作業を重視してきました。

本章では、私の本業である輸出事業の経験から、ある燃料関連技術をマレーシアに輸出した時のエピソードを紹介し、素朴で正確な概念規定を伴った言葉があると、どれだけコミュニケーションやビジネスがスムーズに進むかを説明したいと思います。

十年ほど前、私はある革新的な燃料改質技術をマレーシアの石油精製会社に輸出するプロジェクトに携わりました。私が二十歳の頃、クアラルンプールで働いていた時に出会ったセルビア人の友人が、マレーシアで石油・ガス関連の事業を経営しており、彼がユニークなチャンネルで日本の技術の提案先となるマレーシア企業を紹介してくれたことがきっかけでした。

その技術とは、燃料にある添加物を混合することで他の物質と混合しやすくなり、燃費効率を向上させるという、広島県の会社が開発した技術でした。

私はマレーシア企業の重役の方々と広島の工場、実験設備、実際に導入されている施設を視察し、マレーシアから輸入したドラム缶二本分の燃料を使った実験に立ち会いました。それは実に革新的な技術で、石油化学に疎《うと》い私でさえ、価値と潜在市場を想像できるほどでした。

広島での商談後、クアラルンプールで会議を行った結果、日本側は技術全般を担当し、マレーシア企業は認証取得と現地プラント契約業務を担当し、マレーシアに事務所を構えるフランス系の法律事務所が法務全般を担当することになりました。そして、各部門の担当者が集まり、マレーシアで政府関係者を招いて、再度、実証実験を行いました。すると、面白いことが起きました。

日本のメーカーはこの添加物を「安定剤（Stabilizer）」と呼び、マレーシア企業と政府関係者は「添加剤（Additive）」と呼び、フランス企業は「触媒（Catalyst）」と呼んでいたのです。私は彼らが三者三様に話すその語感と文脈から、全員が異なる事実と機能を認識しており、技術の革新性や価値判断に関する共通認識が会話の中に存在していないことを察知しました。

日本には、同種の燃料改質技術や混合技術がいくつか存在します。この時の製品よりも混合比率や燃費性能が優れた技術もあります。しかし日本では、「高品質のまま混合状態が持続する時間の長さ」に価値があります。つまり、「添加すること、混ざること」は日本企業にとって革新性や事業性を持つ価値ではなく、燃料としての性能が長時間保たれる「性状の安定性」にこそ、価値がありました。この背景から、メーカーの開発者はこの添加物を「安定剤」と呼んでいました。

いっぽう、産油国のマレーシアには、先進国が持つような燃料改質技術はまだ少なく、燃料は精製後に単体で用いるだけで、燃料に何かを添加、混合するという行為は一般的に行いません。だから、マレーシア政府の職員や石油会社の重役は、燃料に何かを加えること自体を新しい技術だと捉え、「添加剤」と呼んでいました。

そして、強い石油産業を持つフランス出身で、この時は主に法務で関わっていたフランス人の弁護士は、実証実験を見学してその技術がもたらす効果を確認した後、燃料と別の性質を持つ液体が混ざり合った様子を見て、シャンプーやドレッシングのような乳化作用を連想したのか、「触媒」と呼んでいました。彼は洗剤の界面活性剤のように、異質な液体が混合して新しい機能を発揮する効果に価値を見出したからでした。

実験を終えた後、三者が思い思いの異なる用語で同じ現象とその感想を語り合い、商談を始めたわけですから、コミュニケーションは次第にずれていきました。

そこで、この国際チームを組織し、会議の司会を務めた私は話を一旦中断し、「①今回の改質技術の用途は主に船舶用燃料であること、②船舶燃料には温度や使用環境の変化に耐える性状の長期安定が重要であること、③類似の添加剤や触媒は日本や欧米にもあるが、この比率の混合状態をこれほど長い期間、安定的に保つ技術は、現時点でこの技術のほかにないこと」という三つのポイントを整理して説明し、このチームでは「安定剤」という用語で統一することを求め、それからは商談が誤解なく進みました。

このような事例はトルコ、イラン、アラブ首長国連邦、バーレーン、インドネシア、ボスニア・ヘルツェゴヴィナ、ベルギー、オランダ、オーストリアでも経験しました。

重要語句や概念を正確かつ素朴に規定し、定義と意味を説明して共有する作業は、国際プロジェクトの組成やマネジメントを担当する私の大切な仕事の一つです。輸出では、こういう出来事に頻繁に遭遇することから、私は日本語の一般的な単語でも、ふと、外国語のように「自分はこの日本語の背景や正しい意味を知っているだろうか」と感じてしまうことがあります。

デフレ下でインフレ化した言葉たち

日常的に外国語を駆使して働いていると、特に外国語でのビデオ会議や資料作成に没頭した後は、脳内に外国語の語彙や概念の残像が何時間も残って消えず、その意識のまま日本語や和製英語、外来語に触れると、まるで高速道路で長いトンネルを抜けた明順応《めいじゅんのう》の時のように、母国語である日本語が外国語に見えてくることがあります。

そんな時に思い出すのが、劇作家の福田恒存氏が使用した「言葉のインフレ」という表現です。言葉のインフレとは、福田氏の本では民主主義、平和、人権といった、戦後の一時期に政治運動で多用された言葉を対象に使われた言い方です。

響きが良く、否定、反論しにくく、ゆえに何万人もの人々が気軽に用い、世界的なトレンドのようなイメージを帯びつつも、実体が不明で掴みどころがなく、賛否両論以前に概念規定の段階で論者の間に中傷、罵倒、人格否定、過去の粗探しといった「場外乱闘」が起きてしまうほど、多種多様な解釈や反応を起こしてしまう言葉が「インフレ化した言葉」です。

つまり、その言葉を大義名分として掲げる政治家、学者、運動家があまりに多く、その言葉に頼って自説を正当化し、防衛できると考える国民があまりに多いため、何百万人、何千万人という人々がメディアや会話で乱発しまくった結果、第一次世界大戦後のドイツマルクのように「言葉の貨幣価値と交換機能」が失われ、元々その言葉が備えていた定義、性格、背景、価値、意味をも喪失してしまった言葉だと言ってよいでしょう。

言葉のインフレは現代も頻発しており、近年はSNSなどの普及を受けて、数日前までは誰も知らなかった言葉が瞬く間に国民周知の言葉となることさえあります。そうした前提を踏まえて、近年、わが国のビジネス分野で多用される言葉をいくつか紹介し、私なりの解釈を加えてみます。

○グローバル化

今では中小・零細企業もこの言葉を日常的に使い、学生も短期留学をするだけで「教育のグローバル化」と言い、貿易業者も多用します。しかし、自損型輸入に関しては、国内の日本企業同士のシェア争いに安価な輸入品を武器として使う状況をグローバル化と呼ぶべきではありません。

グローバル化とは、トヨタのように調達、生産、製造、組立、販売、修理が多くの国々で同時並行的に行われ、経営における諸活動が世界経済や各国の事情と緊密に結びついた経営において、その言葉がなければ事業の説明や問題の把握がおぼつかない、という場合に使われるべきでしょう。

自損型輸入にグローバル化という言葉を用いると、消費者や貿易を知らない人たちは「あぁ、そうなのか」、「じゃあ、日本もその世界的潮流の中にあるからには、デフレや安価な製品の攻勢には日本人だけではどうにもならない問題があるのか」と納得して、「グローバル化」という言葉が形容する現状を黙って受け入れるほかありません。いわば、言葉が認識を阻害し、聞き手の創造的な懐疑や解釈を妨害してしまう悪影響を及ぼしている、と言える事例ではないでしょうか。

○サステナビリティ、エコフレンドリー

これは、地球環境の汚染や生態系の急激な変化を防ぐため、主に石油資源の減少や廃プラスチックの削減、二酸化炭素排出量の削減、環境負荷が低く生分解性を持つ資源の活用など、主に「物理的な環境負荷」の程度や対策を語る時に多用される言葉です。

私たち日本人も、かつて自国に多くの公害問題が発生した悲しい歴史を知っています。企業が生産性と利益を過度に追求した結果、かえって地球環境を損なってしまっては、企業にも消

費者にも損失と損害をもたらし、経済的にも利益がないことを、私たちは辛い経験を通じて学習しました。

こうした物理的、経済的な被害を考えると、確かに環境負荷が少なく、人間にも生き物にも地球にも安全で優しい素材や原料を活用して、産業基盤や生活環境を築いていく努力は重要です。

しかし、人間生活に求められる持続性とは、物質や生産活動だけを対象にするほど狭い概念ではありません。仮に環境負荷が低く、生分解性が高く、二酸化炭素の排出量が少なくても、その製品が自損型輸入で調達され、環境適応努力への投資や対応を行う余力がない国内企業の経営活動を低価格攻勢で圧迫し、国内の産業活動自体の持続性を毀損《きそん》することで、産地から活気を奪い、自治体の税収を減少させ、後継者や働き手を減らす結果をもたらすのなら、日本という国家の持続性も危うくなっていくことでしょう。

こうした影響を及ぼす企業や商品がサステナビリティ、エコフレンドリーという言葉を使う時は、言葉の裏で欠落している要素があることを知っておきましょう。

○SDGs、エシカルビジネス

これもサステナビリティやエコフレンドリーと似た意味を持ちますが、物理的な側面よりは、経営活動の社会的、精神的、倫理的な側面を説明する時に使われます。

諸外国と比べても国連が好きな日本人は、国連が提唱する理念を重宝し、経営活動や自治体の政策に反映させ、スローガンとして用いるのが好きです。

私のある知人は、ラオス、カンボジアといった、昔内戦やベトナム戦争の混乱で苦しんだ国々、民族と関わる活動をしています。そして、時々、これらの国々と関わるチャリティ活動や文化活動を行っていたのですが、最近、ある業者とアパレル分野に進出し、ラオスやカンボジアの青年、女性にカバンや雑貨の作り方を教え、それを日本に輸入して販売するようになりました。

彼いわく、「ラオスの青年、女性たちの目には、日本人の目から失われた輝きがある。彼らが働く姿には、日本人が失ったひたむきな情熱がある。そんな姿に感動し、彼らが作った商品を日本で広げていくのは、私にできる最高の国際貢献だ」。

内戦で苦しんだ国を助けるのは立派な活動です。自国だけではまだ独り立ちできないその国の政治、経済、教育活動を支援するため、かつて尊い命を捧げた中田厚仁さんのような立派な日本人の存在は私も知っていますし、私が中退した西南学院大学には、西南学院中学の出身で、アフガニスタンで超人的な活躍を行い、現地で銃撃事件に遭った故・中村哲医師のペシャワール会の掲示物が校舎のあちこちに掲示されていました。その他にも、各国に渡って素晴らしい活動をしている経営者を、私は何人も知っています。

しかし、彼らは「その国の人たちが自力で国を運営し、産業、教育、生活を作り上げていく努力」を支えているから、素晴らしい日本人だと尊敬できるのです。

その国の人たちが興した産業と、その成果物として生まれた製品やサービスは、まずその国の人たちによって消費され、使用されることで品質向上や技術改良が図られるべきであって、最初から日本市場に安価に持ち込まれることは、その国のためにもなりません。なぜなら、自力で販路を切り拓く営業努力の機会を奪っては、彼らにビジネスの厳しさ、難しさ、やりがいを学ぶ機会を与えず、結果的に日本人に依存させ、甘やかしてしまうからです。

自分が「エシカル」と称するこうした取り組みには、どれだけ多くの美談を後付けすることができても、実質的には安価な類似品を日本に持ち込んでいるだけという行為は、わが国の既存産業にさらなる打撃を与えるだけで、それは美しくない話です。相手国の持続可能な発展を本当に目指すなら、新規受注という取引の結果は、苦しくてもまず自助努力で勝ち取られるべき成果であって、先進国からの「マーケットインの下請け」を通じて、買い手から一方的に与えられる成果であってはいけません。

こう考えると、動機は良いもののように聞こえても、結果的には収益を最優先にしていることらの国際的な取引は、日本と相手国の双方にとって「持続可能な発展目標」とは呼べない理念で運営されており、エシカルなビジネスでもありません。

このように、未開発の国の貧しい人たちと関わっているだけで、崇高で倫理的な活動をやっているように誤解してしまうのは、一部の日本人の悪い癖です。本当の思いやりとは、時に突き放し、依存と甘えを断ち切らせ、厳しい制約の中で自助努力の大切さを教え、自分たちで産業や教育を完結させ、社会的に持続していける共同体を作っていく営みを見守ることです。それが、昭和のビジネスリーダーが海外で行ってきた本物の国際支援、海外展開でした。

ちなみに「国連（United Nations）」という言葉は、戦前に同じ英語が「連合国」という訳語で使われていました。敗戦するまでは「鬼畜米英の連合国」だった言葉が、敗戦した途端に国連と名を変え、敗戦の精神的苦痛をごまかす形で巧みに変身したのも妙な話です。

全滅を「玉砕」と言い換え、敗走を「転進」と言い換え、敗戦を「終戦」と言い換え、戦争を「事変」と言い換え、事実を言葉の虚飾とインフレでごまかし続けてきた戦前の悪い癖は戦後も変わらず引き継がれ、現代の私たちが生きる言語空間を覆っています。

○ボーダレス、ソーシャルビジネス

私たちは、国内だけで事業や活動を行っている人や会社よりも、海外と関わっている人や会社のほうがより優れていて、レベルが高いように思いがちですが、活動の価値を判断するのに事業のスケールや海外との関わりは不要です。あらゆる商取引は物理的、社会的、精神的に何らかの垣根や境界線を越える営みであり、製造や経営の創造性には常に境界を越える努力が求められる半面、踏み越えてはならない境界線で踏みとどまる自制心や謙虚さも求められます。

そんななか、「ボーダレス」という言葉は、狭い日本に引きこもらずに、何かスケールが大きくて素敵なことをやっているような印象を感じさせる力を帯びています。

そもそも、全ての仕事は本質的に「相手の問題解決」であり、相手がいない仕事などこの世に存在せず、私たちはみな、相手の問題解決を通じた社会貢献によって自己表現を行うことで生きています。この仕事の定義は、私が毎年必ず学生たちに教えている「仕事の基本」であり、正当な仕事を通じて得た利益は「社会貢献のお釣り」です。ですから、仕事そのものが種別や規模によらず、全て社会貢献なのであり、利益を稼ぐのは貢献の正当な報酬です。

ところが、ソーシャルビジネスという言葉は時に利益を生み出すこと自体を見下し、軽視させ、一般的な事業会社が行うビジネスよりも一段、価値や品位が高いような語感を伴って使用されるのが、わが国の奇妙な言語空間です。そして、こうした言語空間の中では、利益を追求しない経営こそ崇高で、社会貢献度が高いという主張を行う人もいます。

そもそも、あらゆる事業と仕事は「ソーシャル」なのであり、途上国を支援する仕事や貧しい人、弱い立場の人を助ける仕事だけがソーシャルなのではありません。ですから、私たちはソーシャルビジネスと聞いたら、まずは「どこがどのように社会的なのか」と問い、その事業や商品が関わる社会を見定めて、本質的に誰のどんな問題をどのように解決し、社会にどんな影響や便益をもたらしているかを評価する必要があります。

社会や経済を見つめ、観察し、分析し、評価するためには、難解な言葉、不慣れな言葉、単に響きが良いだけの流行語や外来語、カタカナ語は、かえって認識や理解の妨げとなる場合も少なくありません。私たちが賢明な消費を行い、その消費を通じて居場所から経済を潤し、社会を形成していくには、言葉を素朴に見つめて意味や用法を丁寧に考え、つねに「誰が、誰に？」、「誰が、誰を、どのように？」、「何が、なぜ、これを？」というふうに、言葉や商品に「人との関わり」という本来の社会性を伴わせて立体的に考えることが必要なのではないでしょうか。

自損型輸入は現代の「公害」

いくつかの言葉を見てきて、みなさんはどう感じたでしょうか。

デフレ経済とは、商品や働きの価値を上げにくく、価値を価格で表現しにくい経済です。自社製品に品質、機能性、利便性といった付加価値を乗せて顧客への訴求力を高めようと思っても、コストが容易にはそれを許しません。社員の給料を増やしたくても、低迷する売上がそれを阻み、取引先や消費者がもたらす値下げ圧力による負の波及効果が、際限なく広がっていきます。

つまり、物理的、金銭的に見える形でのプラス効果を阻害する経済状態がデフレです。

ところが、言葉はどうでしょうか。言葉なら無料で気軽に装え、まるでファストファッションのように自社の事業、商品、サービスを美しくスタイリッシュに飾ってくれます。そして、予算と軍事力と友好国の乏しさから一度も戦争をしたことがない北朝鮮の軍人の軍服に、なぜか数え切れないほどの勲章やメダルが付いているのと同じように、言葉は続々と増えていきます。

つまり、言葉のインフレは、言葉自体が根無し草で、言葉の意味が実体と乖離するほど発生しやすいという性質を備えています。私が自損型輸入という造語を行ったのは、言葉のインフレ的な虚飾を排して、事実、構造、性質、問題、影響を冷静に見つめたかったからです。

業者の自覚の有無を問わず、結果的に自損型の仕組みを通じて商品が販売され、その負の波及効果が日本経済のあらゆる分野に損害を与え続けている以上、「消費者が低価格で高い機能を味わえるので、良い商品である」という部分的な現象だけを抽出して、コスパを謳う商品を評価することはできない、ということです。

このように考えてくると、自損型輸入の存在と影響に対して、私たちはある歴史的な言葉との同一性に気付きます。それは「公害」という言葉です。この点は、わが国の現代史における経済問題と社会問題の関連性を知るうえで重要だと思うので、少しだけ、公害について説明します。

公害と聞くと、私のような九州の人間は、かつて熊本県で発生した水俣病を思い出します。

熊本県水俣市は前作で取り上げた八代市のすぐそばにあり、近年は豊かな自然から生まれる和紅茶による町おこしに取り組んでおり、私も水俣の和紅茶を愛飲していますが、残念ながら、今なお水俣の対外的な代名詞は水俣病です。

水俣病は、発生当時は原因不明の奇病とされ、発生源となった大企業チッソ（当時は日本窒素肥料株式会社）は長い間責任を認めず、チッソは自社に都合の良い情報ばかり開示し、初期の犠牲者や被害者には「今後病気やチッソの批判を行わないこと」を条件に低額の「見舞金」を拠出しました。「補償金」という名称を用いなかったのは、責任追及を恐れたためです。

奇病で人生を奪われた被害者や遺族の反対運動が続く間にも、美しい水俣の自然はチッソの工場が垂れ流す有機水銀に汚染され続け、魚介類や動物も次々に奇行を見せて怪死しました。転機となったのは、チッソ附属病院の院長だった細川一医師が原因を認め、熊本大学医学部が「有機水銀が原因だ」と断定したことで、細川医師は今でも水俣の勇気ある恩人として尊敬を集めています。また、この一連の運動を支えた熊本の作家である故・石牟礼《いしむれ》道子氏の『苦海浄土』に代表される献身的な著作、支援活動も素晴らしいものでした。

また、公害といえば、この言葉が生まれる前に発生した栃木県の足尾銅山鉱毒事件を忘れることはできません。明治天皇への直訴さえ行った田中正造、大企業や政府から批判されても被害者と村民の立場に立って持論を貫いたジャーナリスト・松本英子の勇気と信念ある活躍は、現代の私たちにも不正、偽善、偽装、不作為に対して立ち向かう勇気を与えてくれるものです。

さらに、富山県のイタイイタイ病の原因究明と被害者救済に人生を捧げた萩野昇医師の活躍も、深い人間愛と医師としての使命感溢れるもので、私たちが忘れてはいけない在野の偉人の姿です。

こうした公害が日本社会に与えた影響と被害を見ると、自損型輸入もまた、「経済分野における長期の異常なデフレという原因不明の奇病」の原因として、公害と似た影響を与えてきたことが分かります。私が公害という、取り扱いに繊細な注意が必要な言葉をあえて使うのは、業者を汚染物質のように罵倒したいからではなく、公害が持つ「外部不経済」の性質が、自損型輸入が社会にもたらす被害と同一だからです。

外部不経済とは、公害が有害物質を含んだ排水を垂れ流して周辺環境を汚染することによって、地域に環境被害、重病、看護や介護、失業、医療負担といった負の経済効果を連鎖的に発生させ、その処理や復元のために、本来投じる必要がなかった費用や労力の供出を強要されるという形で、「結局は経済的な損失が経済活動による利益を上回る現象」を指す経済用語です。

自損型輸入は、それが日本に流し込む安価な海外製品がなければ、余計な値下げを行う必要がなかった業界や産地に対して、「おたくと似た商品はワークマンにもあるのに、なんでこんな高いの？」、「あなたの会社の家具と似た商品はニトリにもあった。もっと安くできないの？」という消費者からの値下げ圧力をもたらします。

そして、地元の事業者にも「ユニクロがあれくらいなら、うちも値段を少し下げようか」、「業務スーパーが一袋であの値段なら、うちの業務用食材は高いと避けられそうだな」、「漁師の所得が上がらないから、うちの居酒屋もセンベロのメニューを作ろう」というふうに、経済活動に打撃を与えるだけではなく、経営、営業活動から自信と希望を奪う心理的な被害ももたらします。

つまり、価格設定に対する不安と恐怖を国内企業に植え付け、経営活動から活力と社会性を奪い去るという損害をもたらします。こうした負の波及効果は産地のみならず他業界、他地域にも及び、シャッター街やさびれた商店街、開店休業状態の店舗を増やし、地域の若者から就業機会と賃金上昇への希望を奪い、若者を地元から大都市に追いやって、人手不足、後継者不足、少子化、高齢化、過疎化、税収低下、低福祉を経て、共同体の崩壊へと繋がっていきます。

戦前の大東亜共栄圏ならぬ、現代の「低価格共貧圏」が次々に被害を広げ、産業、経済、社会、福祉、教育、文化、政治、外交、国防を蝕んでいくこの構図は、まさに現代によみがえった経済公害であり、精神公害ではないでしょうか。また、コスパ病が言葉の正しい定義を失った言語空間で生まれ、感染が拡大し、深刻化していった経緯を振り返れば、コスパ病は「思想公害」です。

わが国の経済はデフレのみならず、数え切れないほどの問題を抱え、その解決策も主張する人の数だけあって、どの問題も一朝一夕には解決できません。しかし、「日本人が作ったものを、日本人が買う」という素朴な消費活動以上に効果がある経済対策は、他に存在しないはずです。

その消費活動が中途半端に、あるいは消極的に行われている経済活動に対して、国債が発行され、税金はじめ各種の公金、補助金、助成金、給付金が支給され、行う必要がなかった借入に頼っているなら、それらはすべて「外部不経済の延長」と見なすこともできます。

拡大、発展していく経済に対して、財政投融資はじめ官民の金融活動、民間主導の新商品開発や新サービスの導入が競われるなら、それは「正の経済」です。食料自給率を高めて食料安全保障を充実させるため、耕作放棄地を活用して農業を奨励するなら、その際に政府が拠出するかもしれない農家への所得保障もまた「生き金」であり、正の経済への橋渡し役を担うはずです。

しかし、縮小、低迷していく経済に対して、安易に財政、金融政策で官民の金利負担を増やしてしまうと、いずれ過去の経済活動の負の遺産が未来の経済活動を圧迫し、「経済活動自体が経済を死滅させていく」という、自己矛盾的な恐ろしい自損型経済が日本という国をいよいよ滅ぼしてしまう恐れもあります。

国防、医療、食料、福祉、教育。どれも等しく大切で、健全な社会を維持していくために軽視できる分野は一つもありませんが、こと経済が委縮したままでは、私たち国民は他のことを考える余裕を持てなくなってしまうものです。

だからこそ、「じゃあ、どうしたらいいんだ！」とせっかちで投げやりな態度をとるのではなく、まずは「言葉の国産化」から始め、事実、問題、状況、対策を等身大のものとして認識、実感、理解できる、素朴で正確な日本語の言葉を使うことが重要なのではないでしょうか。

思考や認識の混乱は言葉に表れますが、正しい言葉もまた、その混乱を鎮め、問題解決の方向性を示してくれるものです。言葉を正せば、目下の自損型の経済は少しずつ「自益型」に転じ、働くほど喜び、収益、希望が拡大、共有されていく、温かく楽しい経済活動を取り戻せるはずです。

苦境の日本経済にあって、国産化された言葉による健全な思考が支える「消費者主導の地産地消」は、地味で遠回りながらも確実な正の効果をもたらし、業界と産地を沈没の危機から救って、未来志向の経済再建を実現させていく推進力になると私は信じ、先頃、全国九都府県から集まった女性読者の方々と「地産・国産お買い物チーム」を作って動き始めたところです。

豊かで強く優しい日本経済の未来を描くため、次章では単純なシミュレーションを通じて、「令和の好景気」を地方から作っていく手法とプロセスを探ってみましょう。

第十章

未曾有の逆境こそチャンス

「消費者主導」に込められた意味

私は「消費者主導の地産地消」を提唱し、女性グループによる前作の読書会、私のセミナーや講演の実施、生産者や企業との個別・グループ相談を通じた小さな啓蒙活動に取り組んでいます。その目指すところは、「買う側も地元の産業と商品をもっと知り、購入と使用を通じて地場産業を応援し、身近な場所からお金が落ちて回るふるさととの経済を作ろう」というものです。

自治体や地方活性化に詳しいコンサルタントが作り手、売り手を支援する活動、つまり「生産者・行政主導の地産地消」は、わが国の地方創生の中心的な取り組みとして、長年、業界や産地の事情に応じた様々な活動が行われており、素晴らしい取り組みもたくさんあります。

しかし、なかには有意義な補助事業、支援事業が「小売価格」という最後の壁に跳ね返されて挫折し、所期の成果を上げられずに終わってしまうケースも少なくありません。また、作り手、売り手の側から自社商品をＰＲしても、買う側から見ると「結局、売り込みでしょ」と言われ、説得力や効果に欠ける場合もあります。

コモディティの定義が「普及品、消耗品、汎用品」という、没個性的で、知名度、価格、物量が競争力を決定する一般商品を指すのなら、その対義語であるブランドの定義は「名前と定価で買われる商品」ということができます。

地方の生産者、メーカー、職人は自社が努力して生み出し、愛情を込めて名付けた「自社ブランドの商品」を買ってほしいのですが、知名度が足りません。また、自社商品を適正価格で買ってもらえれば、生産活動を持続していけるのですが、自損型輸入商品や国内大手が大々的に広告宣伝を行う有名商品と比べれば、地方の小さな会社の商品は、どうしても単価が高くなってしまいます。

この価格という大きな壁は、簡単に乗り越えることはできませんが、だからといって値下げで対応しては、事業を行う意義自体が薄れてしまいます。そこで私は視点を変え、「買う側が積極的に主導する地元再建運動をやろう」と考えました。売り方や売り先を考える活動は無数にあるので、一人くらいは「買う側からの地域活性化」を提唱する人間がいてもいいと思ったのです。

そして、消費者が「地産品を買えば、地元でお金が循環して自分たちにも回ってくるから、少々高くても、地元の人が作ったものを地元資本のお店で買って、私たちも一緒に豊かになろう」とロジカルに考え、地産品、国産品を応援するようになれば、長年低迷するわが国の地方活性化に買い手側から追い風を吹かせることができ、状況が好転するきっかけを作れると考えて、「消費者主導」という言葉を、「地産地消」という昔からある言葉とくっつけてみました。

こうして、新しい言葉を一つ作ってみただけで、「どういうこと？」、「なるほど、それはいいね」、「私も仲間に入れてほしい」という質問や共感の声が集まり始めたのですから、造語は有効な手法だと改めて実感しているのですが、消費者主導の地産地消を推進していく上で、一つ大事なことがあります。それは、「消費者が、ふるさとと自分を同時に豊かにする商品を正確に見極めて買う」という当たり前のことです。そして、そのためには多少の知識と考え方が必要です。

まず「経済効果が低い商品」を避けよう

私は健康食品の専属ランナーを務めているくらい、中年にしてはランニングが速いので、よくダイエットや運動習慣の作り方に関する質問を受けます。その際は、「太ることをやめる」、「運動できる体を作る」、「運動習慣を身に付ける」、「数値目標を立てて練習メニューを作る」と段階を分け、「まずはマイナスをゼロにすること」から始めるように呼び掛けています。焦って一度に欲張ってしまうと、けがをしたり余計な苦痛を味わったりして、逆効果を招くこともあるからです。

買い物もこれと同じで、自分のふるさとに確実な経済効果をもたらしたければ、「まずマイナスの買い物をやめる、減らす」という行動が確実で効果的です。

例えば、ニトリで千円のござを買うとしたら、その消費金額の約四十パーセントはニトリの店舗、残りの製造原価や諸経費は中国、ベトナム、インドネシアの現地法人に支払われるので、店舗の人件費と家賃を除いて地域への経済効果はほんのわずかです。ドン・キホーテ、無印良品、カインズ等で購入する安物のPB（プライベート・ブランド）商品も同じく地域への経済効果という意味ではほぼゼロに近いのです。彼らの「国産もあるぞ」という言い訳も、かなり安く買い叩いて低価格を実現させているだけなので、重視する必要はありません。

また、イオンなどの大手スーパーで加工食品、衣料品、生活雑貨を買う時も、海外でしか生産できない品目を除き、日本でも作れる商品と同じ品目が海外産で調達されているなら、それを買う行為も約半分のお金を海外送金しているのと同じです。

消費者向けに販売されている物品は原産地表示が義務付けられていますから、主婦の方々は日頃の買い物で「ひと手間」を産地確認に当て、①原料の原産地、②完成品の加工地、③工業製品なら製造国に注目し、主原料や加工地が海外の場合は、カゴに入れる前に確かめて「買わない」、「減らす」という選択をしていけば、それだけ地産品、国産品に支出する割合が増えていきます。

実際に生鮮、食品、衣料品、雑貨、家具、日用品、消耗品の原産地を確かめていくと、いかに多くの品目が「日本製でないか」を知って、驚くかもしれません。まずは、消費の最前線で「ふるさと経済防衛軍」となる主婦の方々が産地表示に敏感になることが、地域活性化においては最も威力があります。「地元に対する経済効果がゼロか、低い買い物を避けて、少しずつ自分に近いところにお金が落ちる買い物を増やしていく」。これだけで、地方経済をドカンと押し上げる効果があります。

「分かるけど、やっぱり高い」

自損型輸入商品の購入を控え、地産品、国産品を買おうと思っても、値段を見ると「やっぱり高いわねぇ」と感じる商品もあるでしょう。その場合は、数量や重量が少し小さめで、価格的に負担感が低い国産品を買うか、別の国産品で代替するのも良い選択です。

しかし、それでもやはり高いと感じる場合は、無理をせず輸入品を買いながら、消費者としての自覚と責任感を深めていきましょう。値段だけでカゴに入れていた頃と比べれば、問題意識が生まれるだけでも大きな一歩です。

「なぜ、輸入品は、日本まで何千キロも運んできたのにこんなに安いのか」、「なぜ、地産品は同じ県内で栽培、製造されているのに、こんなに高いのか」、「なぜ、私は数十円、数百円の差でこれほど考え込んでいるのか」。このように考え始めるだけでも、スーパーや様々なお店が学校やジムみたいに思えてきて、鋭敏で温かい消費者感覚を磨き、鍛えていくことができます。

そうすれば、アメリカから輸入される農産物に使用されている危険な農薬や、収穫後に海上貨物としての品質を守るために散布される「ポストハーベスト農薬」、乳製品や肉類に使われている怪しげなホルモン剤、抗生物質、化学物質の存在を知ることにもなるでしょう。

いくつかの主婦・消費者グループには、主にこの安全性の面から地産地消を提唱する団体もありますが、「地元への経済効果」を主眼に活動する団体は見かけません。友人、知人に消費者運動に携わる人がいたら、地産地消効果を高める買い物での連携を打診するのもいいかもしれません。

そうして自分なりの購入基準や問題意識が生まれてきたら、同じように地産地消に取り組みたいと願う主婦仲間や友人に呼び掛けて、「買い物の際のこだわりと疑問」を語り合ってみましょう。すると、自分と同じ疑問を抱いている人や、自分には気付かなかった視点を持っている人に出会えます。そして、「地産、国産のものを買いたいけど、やはり高い」と感じる品目があったら、それをリストアップしていきましょう。そして、同じことを語り合える仲間を増やしていきましょう。五十人ほど集まれば、次のアクションを起こせます。それは「スーパーやお店に、自分たちが欲しい商品を提案する」というアクションです。

例えば、「五十円高くてもいいので、国産のあさり貝を買いたいんですけど、週に五十袋仕入れることは可能ですか？　私たちの主婦仲間で呼び掛けて買いますと」と提案してみるのです。あるいは、「三十円高くてもいいので、この容量で国産の漬物を買いたいんですが、週に三十袋仕入れられますか？」と尋ねてみるのもいいでしょう。スーパーの売り場担当者や仕入れ担当者は、同じ品目でも値段が高い商品を仕入れる際に、売れ残りが出ないか、客離れが起きないかを一番心配します。しかし、お客からの要望があると分かれば、状況は大きく変わります。

また、地方の農家には、本当は消費者のために農薬の使用を避けたい、減らしたいと思っているのに、価格面に問題があって仕方なく農薬に頼っている人もいます。こうした生産者も、お客の側から「少し高くても買いますよ」と言ってもらえれば、心から自信と希望が溢れ、段階的に価格調整を行っていけるので、とても意義あることです。

そうして、買い手、売り手、作り手、使い手が少しずつ協力しながら、情報を共有して地産、国産商品の取扱数量を増やしていくことで、段階的に自損型輸入商品が各店舗の棚から消え、地元や近隣都市、または日本のどこかの生産者、メーカーにお金が循環していくようになります。

「逆流する商流」で価格調整

また、なかには雑貨、家具、食器、衣料品、靴、生活用品、作業服、工具のように、自損型輸入商品の普及率が高すぎる商品、国産品との価格差があまりに大きい商品、カテゴリの中で国産品そのものが見つからないという商品も出てくるはずです。

数多くの事業社がもたらした自損型輸入商品がきっかけで、最終的に倒産、廃業に追い込まれた企業は相当な数にのぼるので、商品カテゴリによっては、外国産の品目しか存在しないカテゴリもあります。その場合も、買わなければ生活や仕事で支障を来すなら、無理せず輸入品を買いましょう。そして、仲間と情報を共有していきましょう。試しに、「福岡　漬物　中国輸入」のように「地名　品目　国名　輸入」と検索すると、地元の自損型輸入商品と業者名がズラリと表示され、地元の衣食住分野のメイドインジャパンの少なさに驚くはずです。

その次は、「欲しいけど、輸入品と国産品の価格差が大きくてなかなか買えない商品のリスト」、「欲しいけど、地産品、国産品が見つからなかった品目のリスト」を地元の商工会議所、経済団体、行政機関に持ち込み、産業振興課や農林水産課の担当者に見せてみましょう。そして、「私たちの町で月に千個の皿を地元か近隣の窯元で作ってもらう方法」、「私たちの町で、月に千足の靴下を地元か近隣の縫製工場で作ってもらう方法」を話し合ってみましょう。

国産品の中には、すぐに価格調整や生産計画を行うのが難しい商品もありますが、買い手側から具体的な品目、希望する価格帯、見込まれる購入数量を提示してもらえれば、メーカーや店舗も段階的な生産・販売計画を考えることができ、負担を抑えて出荷準備ができます。

そもそも、「消費者から提案や要望が来る」ということ自体が画期的なことなので、作り手、売り手、買い手、使い手の四者が直接顔を合わせて、地元に経済効果をもたらす商品を話題にすれば、きっと理想的な協力関係が生まれて、その地域、業種、品目に即した解決策が見つかるはずです。

これまで、企業経営とはずっと「売り手が売り先と売り方を考えて売る」という営みと捉えられ、消費者はまるで釣りかゲームのような駆け引きの相手でした。「こうしたら買うだろう」というマーケティング理論や、「こう言えば買いたくなる」という営業、販売テクニックはそれこそ無数にありますが、消費者の側から「この条件を満たした商品を買いたい」と呼び掛ける形で経済活動が始まれば、スーパーなどの売り手や農家、メーカーなどの作り手には革命的なことです。

つまり、「作り手→売り手→買い手・使い手」と一方通行だった従来の商流に加え、「買い手→売り手→作り手」という順番で情報、アイデア、要望が逆流し、伝わっていく商流も作っていくということです。

こうすれば、輸入品との価格差が大きい商品や、現時点では地産品、国産品が存在しない商品も、自治体、各種団体の情報網やネットワークを使って地元、近隣都市、国内での供給、調達ルートが見つかるでしょう。また、国内で製造されていない品目でも、県内のいくつかの自治体でニーズをまとめれば、「産地開発」の形で専用の農場や工場を作っていくことも検討できるはずです。

これは、食料自給率の向上や経済安全保障にも大切なことですから、この消費活動がこのステージにまで達すれば、それこそ社会的、時代的にもとても意義あることです。

こうして、自損型輸入商品を介して海外に流出していたお金を少しずつ取り戻し、地産品、国産品への消費で地元や国内にお金が循環する経済を作っていけば、その地域、その業界なりの価格調整や生産計画を経て、地元に落ち、地元で回るお金が増えていきます。大事なのは「そうなったら、嬉しいね」という素朴なイメージに確信を持ち、賛同者と共有し、賛同の輪を広げていくことです。

このような提案を読んで、「迂遠すぎて無理そうだ」、「現実的じゃない」、「そこまでやる消費者なんているのか」といった、消極的かつ否定的な気持ちが芽生えたとしたら、あなたはまだコスパ病に感染しているかもしれません。

そもそも、「自国で生産したものを自国民が買う」という最も簡単な経済活動を迂遠で難しいものにしてしまい、そしてその「自国のものを買う」という行為にさえ、徒労感や諦めが先立つまでになってしまった日本経済のこの現状と私たち消費者、国民のマインドこそ否定すべきもので、この現状を私たち消費者が招いてしまったのなら、それを解決できる選択肢もまた、私たち消費者が握っているのではないでしょうか。

地元や国内で回るお金が増えることに反対する人がいるでしょうか。旦那さん、親、子供、自分の収入が増えることに反対する人がいるでしょうか。客と売上が増えることに反対する企業やお店があるでしょうか。地元の経済活動が活性化することに反対する銀行、経済団体がいるでしょうか。税収が増えることに反対する自治体があるでしょうか。住民サービスが向上することに反対するお年寄りがいるでしょうか。

「消費者主導の地産地消」は、困る人が誰もおらず、誰も傷付けず、政治的対立もなく、地元の人なら誰もが貢献でき、どんな政策よりも経済効果が高く即効性もある「草の根ふるさと活性化運動」なのです。つまり、買い物は偉大な国づくり運動なのです。

地産地消を盛り上げるもう一つの対策

地元への経済効果を高める上で、もう一つ大切なことがあります。それは「できるだけ地元資本のスーパーや販売店で買う」ということです。

商品価格において小売りが占めるマージンは大きく、野菜でも魚でも、消耗品でも雑貨でも、だいたい三十~五十パーセントが小売店の取り分です。ですから、自分が買い物をしているお店が大手資本の全国チェーンなら、自分が払ったお金のうちかなりの金額が東京本社の管理下に入り、法人税も本社所在地で納税され、「地元で使い道を決められないお金」になってしまいます。

せっかく自損型輸入商品への消費を減らして、地産品、国産品に振り向けたのに、これでは私たちの買い物が地元への経済効果を十分に発揮することができません。ですから、食品、日用品、汎用品を購入する時は、できるだけ地元に本社があるスーパーや販売店で購入し、その会社がまた地元でお金を回せるようにするのも、地元への経済効果を高めるうえで大切なことです。

例えば、イオンに二百円の缶詰があり、地元のスーパーで同じ缶詰が三百円で売られていても、地元で買えば全てのお金が地元で回ります。しかし、イオンで買うと、そのお金のうちいくらかは、知らない場所の新店舗の開業資金に充てられて、地元には還元されません。地元か近隣都市に本社があり、地元で展開しているスーパーであれば、そのスーパーが地元で新店舗を出す時も、地元の建設会社に発注され、地元の産業資材が購入され、それも地元への経済効果につながります。

さらにいえば、コンビニも同様です。同じお菓子を買うなら地元資本のスーパーで買い、ビールやジュースも同じ買い方を増やしていけば、それだけ地元に落ちるお金が増えます。また、大手のビールだけでなく地元のクラフトビールを飲んで地元の明るい未来を語り合うのも、ふるさと再建のために良いことです。

読者の方々のなかには、価格が高いコンビニよりも、割安なスーパーでそういう買い方をしているという方ももちろんたくさんいると思いますが、コンビニは小さいとはいえ、店舗数から見ると総合スーパー以上の販売力を持っていますから、その規模は侮《あなど》れません。食事の加熱、冷蔵、冷凍とあらゆるサービスが揃って、「町の冷蔵庫」のような役割を果たしつつある現代のコンビニですが、そういうひと手間は自宅でやることにして、少しだけ前もって計画的に買い物をしておけば、コンビニでの買い物をぐっと減らして、地元への経済効果をさらに高めることができます。

このように、「何を買うか」という段階で地産品、国産品をなるべく多く選び、次に「どこで買うか、誰から買うか、どう買うか」を意識して、できるだけ地元資本のスーパーやお店で買うようにすると、地元で回るお金がどんどん増えていき、それが皆さんの仕事で取り扱っている商品やサービスにも及んで、消費者としての自分の収入も底上げしてくれます。買い物とは、誰もが参加でき、誰もが誰かを元気にできる「毎日の応援合戦」なのです。そんな地域経済が実現すれば、素晴らしいと思いませんか。「うん、素晴らしい！」と思ったら、余計な二言目を言わないことです。

イスラムに学ぶ地方活性化

読者のみなさんに、これまで述べてきたようなアイデアに共感できる仲間が増え、お店や自治体、商工会議所、経済団体、政府機関の知人や協力者ができたら、次に提案したい有効な手段があります。その前に、少し個人的な体験談を話します。

私は大学を中退して、二十歳から二年間、クアラルンプールで働きました。その際、「せっかくマレーシアに来たなら、イスラム教徒の友達と外国語で生活したい」と思い、セルビア人、マレー人二人、中国系マレーシア人のムスリムのルームメイト四人と二年間の共同生活をしました。

今ではバーレーン、サウジアラビア最大の物流会社の社長を務めるセルビア人のルームメイトはとても人望がある人で、マレーシアの名門大学でサッカー部のキャプテンをしていたので、私の家には毎日イスラム圏の国々から多くの人たちが遊びに来てくれ、おかげで私はイスラム文化やイスラムの祝日、行事、習慣にもとても詳しくなりました。

その、世界五十二ヵ国、約十八億人という巨大なイスラム圏で、買い物の際に使われる共通の道具があります。今では日本でも知られるようになった「ハラル認証」です。

ハラルとはイスラムで「許されたもの」という意味です。イスラムで禁じられている豚肉、アルコール、所定の手順で処理されなかった動物性の原料を含まず、「イスラム教徒が安心して買って食べてよい」と許可された食べ物、飲み物、そしてレストランの入口には、一目でハラルと分かる認証シールが貼られています。

現代の食品製造や食品流通は複雑で、これだけ多くの人々が世界中を飛び回る現代は、イスラム教徒の人たちも外国で見知らぬ食べ物に遭遇することもあります。その際に、いちいち原材料を確かめるのは大変で、自分が読めない言語で原材料が表示されていれば、そもそも何が入っているのかも判別できません。

そこで、イスラム圏では誰もが分かる形でハラル認証のシールが導入され、アラビア語、英語、現地語で、一目で分かる購入判断材料として普及しています。

イスラムの良いところは、他の宗教も尊重するので、食べてはいけないものに「禁止」のシールを貼ることはせず、「食べてよいもの」、「飲んでよいもの」だけにシールを貼っていることです。

これは、消費者主導の地産地消にも応用できるのではないでしょうか。つまり、自損型輸入商品に「買ってはいけない」というシールを貼るのではなく、地元や日本への経済効果が高い商品を認定して、一目で分かるシールを貼れば、趣旨に賛同する消費者は買い物の際に一目で判断でき、確かめる手間を省いてカゴに入れていくことができます。

シールは、例えば「ふるさとリッチシール」などと名前を付けて、主原料の生産と製造が日本国内で行われている品目に、ハラルのような認証シールを貼るとよいと思います。それが付いているだけで、一目で熊本県産と分かる熊本県の「くまモン」をイメージすると、分かりやすいのではないでしょうか。

認証に際しては、地元で消費者主導の地産地消を推進する団体を作ってホームページを立ち上げ、例えば「一品目の認証で一年間五百~千円」という形で手数料を集め、認証した品目に識別番号を与えてホームページに掲載すれば、地元の消費者も買い物を計画しやすくなりますし、生産者、メーカー、販売店も喜ぶはずです。

また、掲載された品目の種別や傾向を分析することで、国産化比率が低い品目も分かりやすくなり、自治体や商工会議所、あるいは他県の協力団体との情報交換、商品企画もしやすくなります。大事なのは、「県で共通の色、サイズ、ロゴ」という共通性を持たせることで、団体を乱立させず、シールをばらばらにしないことです。シールを消費者や生産者に徐々に浸透させることで、スーパーやお店に行くと「わが地元には、いかに地産品、国産品が少ないのか」に気付くきっかけになるでしょうし、「一覧、一括」という形で風景を情報化することで、体感的な問題意識を醸成することができます。

もちろん、なかには一目で地産品と分かる品目もあり、その場合は認証を行う必要はありません。また、認証に少額の手数料を提案するのは、こうした運動自体が手間と費用を要するものであり、運営担当者の事務手数料や活動費の財源にもなると考えるからです。

また、日本人は認証自体をすぐにビジネス化して内輪もめで失敗してしまうので、この活動はあくまで「消費者主導で地産品を買う」という一点のみに集中し、集まった情報や統計は自治体、経済団体、生産者団体、産業別組合に提供して、認証団体でコンサルティング事業などを行って認証価格を吊り上げようなどと余計な欲を出さないことが大切です。補助金をもらうのも不要で、公金に頼らず自発的、積極的な消費でふるさとが復活した事例こそ、他地域と後世に示すべき実績です。

現在、国内で流通している商品に対する認証や表示は多種多様で、オーガニック、グルテンフリー、農薬不使用など様々な表記がなされていますが、「地元や日本への経済効果の高さ」

という視点での区分を示す共通のシールはありません。「国産」、「福岡県産」、「有明海で獲れました」という独自のシールはあっても、それは生産者、加工食品メーカー、地元のＪＡといった「作り手、売り手」が任意で作ったもので、統一感に欠けます。

もちろん、既存のシールはそのまま使っていいのですが、地産地消を主導する第三者機関的な消費者団体が認証するシールなら、貼ることに反対する生産者、メーカーは少ないでしょうし、費用が数百円発生しても、趣旨が分かり、情報の集積が自分たちにも役立つとなれば、シールの普及による地産品、国産品への消費活性化に賛成してくれるのではないでしょうか。

外産地消、地産地消、地産外消、外産外消

これまで述べてきた提案のうち、私はいくつかの取り組みを、すでに地元の福岡で始めています。

前作の読者が全国に広がるほど、ダイソー、ニトリ、ユニクロ、ワークマン、業務スーパーなどで盲目的に「低価格だから」という買い物をする人は少しずつ減り、その分だけ地産品、国産品、地元のお店にお金が落ち始めています。

ここで一度、私の提案をシンプルに整理してみます。

衣食住の品目を中心に、あらゆる分野に自損型輸入商品が氾濫する現代の日本経済は「外産地消」だと言えます。すなわち、「外国で生産したものを地元で消費する」という経済です。

日本人の消費者が支払ったお金が海外に消え去り、国内がどんどん貧しくなっていく悪い経済です。

それを「地産地消」にすれば、地元や国内で生産したモノに地元のお金が消費され、地元や日本のどこかの会社が潤います。私たちが目指すのは、まず、マイナス状態の経済を治療することです。

その先は「地産外消」、すなわち地産品のエリート商品を海外に輸出するのもよいでしょう。

みなさんの地元には、海外市場に歓迎される独自の品目がきっとあるはずですから、地場経済を地産地消で盛り上げたら、次はいくつかの品目の海外展開を図るのもよいかもしれません。輸出については、それこそ私の本業なので、輸入よりも多くの話題があり、何冊か本を書けるほどですが、それはまた別の機会にしましょう。

最後はおまけで「外産外消」です。つまり、「外国で製造したものを外国で売る」というビジネスで、これはやらなくてもいいですが、考えてみるだけでも面白いビジネスです。例えば、佐賀県の優れた灌漑《かんがい》技術を乾燥で苦しむウズベキスタンに移転し、そこで灌漑製品を作って、同様に乾燥や水不足に苦しむ周辺国に輸出する、というビジネスです。

地方の中小企業には、こうした形で世界に貢献できる優れた技術がたくさんあります。いずれはこういう可能性も考えながら、まずは地産地消による経済活性化を目指しましょう。

主婦と女性の力は偉大

前作を上梓した際に、私の中で予想外だったのは、「消費者主導の地産地消」という私の呼び掛けに対して熱烈に反応し、実際に消費行動を変えたと報告してくれ、一緒に行動を変えようと友人に呼び掛け、よりよい行動をするための質問をしてくれたのは、「ほぼ主婦、女性だった」ということでした。

日常の買い物の大半を占める衣食住分野の消費は、女性が行っています。そのため、女性は男性よりも、日頃から買い物に関する情報に敏感だといえるでしょう。また、男性は売り手として経済活動を主導することも多い中、買い手は女性が主導して引き受けることが多いものです。

そのように考えると、買い物という経済活動の主役である女性とは、なんと強大な社会変革力を持った存在なのでしょうか。

私は悟りました。「ならば、女性が分かりやすく、実行しやすく、楽しみやすい地産地消のムーブメントを手助けしよう」と。

女性の消費の破壊力のすごさは、過去三十年間で過度なコスパに狂った幾千万の女性消費者が、原産性判定の知識や地産地消の経済効果に対する配慮を持たなかったというだけで、何十万社という国産企業が破産、廃業に追い込まれ、日本経済が瀕死状態に陥った事実からも分かります。

ならば、単純に考えて、女性が「コスパ商品＝お得」から「コスパ商品＝大損」と認識を変え、地産品、国産品への消費を楽しんだほうが旦那さんも自分も豊かになることを理解すれば、日本各地に、たちどころに巨額の郷土復興財源が出現し、政府、マスコミ、大企業には不可能なスピードと影響力で、日本社会を復活させてくれるのではないでしょうか。

男性が求めがちな小難しい理屈などいりません。「豊かになって、ワクワクして、人に喜ばれて、子供たちが笑顔になって、お得なことをやろう」。ただ、それだけでいいのです。若い女性の間で「推しのアイドル」が誕生すると、瞬く間に無名の若者がスターになるように、主婦が「私たちも豊かになろうよ」と呼び掛けて、地元の仲間と一緒に地産品を「爆買い」すれば、その数日後には地元の農家や漁師が歓喜の涙を流すことでしょう。食品や日用品のみならず、衣料品や家具でも、主婦が原産性に敏感になるだけで、地域経済に活力がよみがえります。

そんな買い物体験と、真にお得と言える商品の情報を地元で広げ、共有しあっていけば、消費者が主導する未来志向の地産地消が、私たちそれぞれのふるさとの産業に自信と希望を届けていくのではないでしょうか。

目下の日本経済は疑いなく危機的な状況にありますが、このような状況だからこそ、数々の問題を実感が伴う形で解決でき、それを一人一人の消費者のノウハウにしていけます。また、デフレ経済の中で失われた社会的な結びつきを、一つ一つの買い物とコミュニケーションを通じて取り戻していくことで、私たちは衰退を上回る復活を遂げられます。無意識に、惰性的に行ってきた消費を反省と希望を込めて丁寧に見つめ直すことで、より賢明で優しい消費者、国民になれます。

地産地消の経済活動は、あるべき社会を復活させ、同時に郷土史と日本の歴史に誇りを持たせてくれ、一人一人の仕事にやりがいまでも与えてくれる点で、経済以外の分野にも無数のポジティブな波及効果をもたらしてくれます。

つまり、今、私たちが直面している未曾有の苦境と逆境は、まるで「年中無休のワールドカップ」のように、国民全員で同時に一体感と同胞感を楽しむべき、歴史的な大チャンスでもあるのです。そして私たちは、自分が生まれ合わせた時代の課題と真摯に向き合い、ぶつかっていくことで、歴史と一体になれ、過去への感謝と未来への希望も分かち合えるのです。

そうした新たなムーブメントが、全国各地の読者の方々の地元で起きる未来を期待しつつ、次の最終章では、日本が躍進の夜明け前にあった時代にタイムスリップし、私たちがその気になれば迎えることのできる未来を一緒に描いてみましょう。

第十一章

「日本的職業観」に立ち返ろう

デフレ経済とは「怠け者の経済」

かつて、私たち日本人は「世界一勤勉な国民」と言われ、私たちもそう自任してきました。ところが、近年はＯＥＣＤ加盟国の中でも際立って労働生産性が低い国となり、自損型輸入による企業収益、個人所得、消費者物価の低迷も重なって、私たちの仕事はいたずらに労働時間だけが引き延ばされ、単に「給料が低いから長く働いているだけの人たち」になり下がりつつあります。

昔のように頑張って働いても売上も給料も上がらず、新商品を企画してもすぐに低い予算を示され、かつては優越感さえ抱いていた韓国よりも新卒初任給が低い国になってしまっては、社会人としての自信どころか日本人としてのプライドさえ傷付いてしまいそうです。それはまた、私たちがいかに経済力だけに限定して国というものを見てきたか、その反映でもあります。見方を変えてみれば、経済的に厳しい状況は、かえって人間の本能的な部分や経済、社会の根源的な部分が露わになるため、本質的な部分での解決策を探りやすいというメリットもあります。

経済力が凋落《ちょうらく》したとは、何のどんな結果なのでしょうか。経済力を取り戻し、さらに豊かな国を作っていくには、何にどこから、どう手を付けていけばいいのでしょうか。今は、それを根本的な部分から見つめ直すための絶好の機会でもあります。

先頃、熊本で前作の読者を対象に講演会を行った際、女性経営者の方が私のところに来て、「私たちは、ただ、怠けてきたということがよく分かりました」と話してくれ、その素直な言葉がとても印象に残りました。

自損型輸入とは、「値下げによって利益を追求する経営」です。日本人がすでにやってきたことを外国人に教え、賃金や物価の低さを利用して大きな利幅を確保し、規模の力で収益を稼ぐ経営です。ボクシングに例えれば、自分より強い相手に挑戦して価値ある勝利を目指す戦い方ではなく、自分より弱い敵を探して安易な勝ち星を増やそうとする態度が、自損型輸入の基本姿勢です。

したがって、そんな経営にプラスの価値はなく、「高くても、良ければ買おう」という消費者との真剣勝負もなく、その本質は「のっぺらぼうの後出しジャンケン」とでも言うべき怠慢です。

バブル崩壊後、残念なことに、こうした経営を行う会社があらゆる業界で好業績をたたき出し、モノを見る目を失った企業と現場の実務を知らないマスコミが、彼らの見た目の利益の大きさと繁盛する様子に幻惑され、「無駄なコストを省いて、目先の利益を最大化する経営」に熱狂しました。

その結果、私たちは本来無駄ではなかった費用まで無駄と見なして捨て去り、創造的な努力でプラスの付加価値を創造し、それを価格に転嫁して、健全な物価上昇と所得向上を連鎖的に生み出す本来の経済成長とは方向性が異なる経済を作り上げてしまいました。

五万円のスーツを売ってきた会社が十万円のスーツを売ろうと思ったら、プラス五万円の価値に納得してもらうため、別の会社に生まれ変わるほどの努力が求められますが、その価値を認めてもらえれば、会社もお客も同時に成長します。しかし、二万円のスーツを売ろうと思えば、そこに求められるのはコスパだけです。

つまり、デフレ経済とは、企業経営や労働において、お客という相手の内面の成長に貢献するための挑戦を忘れ、「低価格実現」という決まりきったゴールばかりにシュートしようとする経営の集積が生み出す「怠け者の経済」だと考えることもできます。

また、デフレ下で激増したコスパ病の感染者たちは、コスパ商品を「安いのに機能性も高い」と歓迎しますが、事実は「安いから機能性が高い」であることに気付いていません。

自損型輸入においては、国産品と比べて製造原価を引き下げるほど、機能性を付与できる余地は増えます。さらに「後出しジャンケン」的な経営に徹すれば、商品の初期投入段階から低リスクの模倣品で市場に浸透していけるのは、ダイソー、ニトリ、ワークマンなどの没個性的な商品を見れば、誰もが理解できるのではないでしょうか。

国産企業は、日本国の最低賃金と労働基準法が適用される公平な環境で、新商品投入の在庫リスク、返品リスクを背負いながら挑戦しています。私は昔、経済誌記者として出版社で働いていたので、「どれだけ売れるか分からない初めての商品を、最初にいくつ作るか」という初版印刷に付き物のプレッシャーを連想してしまいます。

そう考えると、根本的な要素を発明する労力と新商品投入の在庫リスクを負わないのに、国産企業がリスクを負って作った先行商品や人気商品を海外生産によって低価格で模倣でき、「消費者はどの機能に価値を認めるか」があらかじめ分かった商品を選んで、値下げしたコストの空白地帯に様々な機能を埋め込むという経営が、人件費までも海外でハンデを付けて許されるなら、それは創意工夫やイノベーションによるものではないといえるでしょう。

先の女性経営者が「怠けてきた」という言葉を使ったのも、このような事実に気付いたからであり、自尊型輸入商品の存在と蔓延《まんえん》は、日本国内におけるモラルハザードの結果なのです。

日本人にとって「仕事」とは何か

バブル景気のような上げ調子の経済の中では、小さな工夫や改善でも収益を増やすことができます。しかし、三十年もデフレが続いた経済の中では、「働くとは何か」、「仕事とは何か」という、景気が良い時には考えることさえなかったような本質的な問いと向き合う機会が増えます。

私が二十年間にわたって、毎週土曜の朝に学生たちと学んでいるサークルFUNでは、若者が実社会に飛び込んで仕事のやりがい、仕組み、楽しさ、厳しさ、そして「働くことの美しさと尊さ」をしっかりと取材して記事にするため、毎年、「仕事とは何か」を、わが国の伝統的な職業観を教えることで一緒に学んでいます。

私は学生たちに「仕事とは、相手の問題解決を通じた社会貢献による自己表現の営みである」という定義を毎年教えています。そして、「仕事とは相手がいる営みだ」、「仕事がなされたとは、相手が喜んでくれたことによって証明される」と説明しています。近年、部員は全員が女子大生なので、私は長谷川三千子・埼玉大学名誉教授の著書『正義の喪失』、徳富蘇峰の『日本名婦傳』、渋沢栄一の『偉人とその母』などを紹介して、女性の本質的な働きについても次のように話しています。

「『専業主婦』という言葉がありますよね。主婦は毎日、忙しい育児、家事をこなして、給料を得ているわけではありません。だから、主婦の中には自分がお金を稼いでいないことに引け目を感じて、『私は専業主婦です』と堂々と言えない人もいます。でも、主婦は本当に仕事をしていないんでしょうか。ここで、『仕事とは相手の問題解決』という定義を思い出してみましょう。

お母さんが風邪で寝込んで料理を作れなかったら、家族みんなが困ります。掃除をできなかったら、数日で家中にゴミが散らかり、洗濯物の山ができ、足の踏み場もなくなります。ところが、お母さんが毎日せっせと家事をこなしていると、家には何も困りごとはありません。みなさんも実家を離れて福岡で一人暮らしを始めた時、数日で家が散らかって、ご飯を食べる時間がずれて、料理するのを忘れて、勉強の時間がなくなって、大変な思いをしたことがあるでしょう。それが、久しぶりに実家に帰ったら、自分は寝ているだけなのに、全てが整然と準備されていて、感動したことがあるでしょう。

みなさんのお母さんは、毎日偉大な気配りと優しさを発揮して、家族全員の問題を解決しているんです。専業主婦のお母さんにしかできない偉大な働きの価値が見えると、頭が下がりますよね。

では、おじいちゃん、おばあちゃんはどうでしょう。もう高齢で、会社に勤めてお金を稼いでいるわけではありません。でも、おじいちゃんが『うん、それでいい』と言ってくれただけで、誰の助言を受けた時よりも安心した経験があるでしょう。おばあちゃんが居間にいて家族を見守ってくれるだけで、家族全員が笑顔になれる時間が生まれます。『いること』もまた、偉大な仕事なんです。

赤ちゃんはどうですか。赤ちゃんはお金を稼ぐどころか、一日中泣いて、寝て、遊んで、時にはいたずらでみんなを困らせることもありますが、赤ちゃんが数秒笑顔になるだけで、家族全員が元気をもらえて、明日への希望を抱くことができます。赤ちゃんは、他の誰にもできない、とてつもなく大きな仕事をしているのが分かりますよね。

このように、お母さんも、おじいちゃん、おばあちゃんも、そして赤ちゃんも、身近な相手の問題を毎日解決しているんです。

仕事の対価としてお金が支払われるお父さんの仕事も、もちろんとっても大切です。でも、『反対給付としてお金が支払われる行為だけが仕事』という偏った職業観を持つと、みなさんはその瞬間から、人の働きの価値が見えない、精神的に貧しく冷たい人間になってしまいます。

仕事とは、やったら誰かが喜ぶ行為です。相手の非、不、未、無を解決して、相手を笑顔に変えることができたら、そこにはどんなに小さくても、一つの大切な仕事が果たされているんです。そう考えると、誰もが価値ある存在となり、仕事とはなんと意義深い営みなのかと感動することでしょう。この大切な『仕事の定義』を胸に留めて、このサークルで一緒に企業取材に挑戦し、社会の様々な働きとその価値に気付く優しい感性を育て、友達と助けあい、でっかく成長していきましょう」

だいたい、このようなことを年に何回か話し続けて、もう二十年がたちました。私は、この素朴な真理を若者たちと腹の底から共感し合うためだけに、毎週土曜の朝、千回以上も顧問として講義を続けてきました。それくらい、若いうちの職業観形成を大切なことだと考えているからです。

私が、近世以降の日本人の職業観の原型を作った偉人だと考えているのは、江戸時代の僧・鈴木正三《しょうさん》です。尾張国に生まれた正三は、奇妙な僧侶でした。正三が住む村では、農民たちが「農作業が忙しくて、お寺に行きたいけど行けません」と村の僧侶に恐る恐る話したところ、「念仏を唱えないと地獄に行くぞ」、「お布施をしないと地獄に行くぞ」と言われ、困り果てていました。ところが、正三は農民たちに「お寺に来なくていい。念仏も唱えなくていい。経典も読まなくていい」と言ったのです。

「何だ、この変なお坊さんは」と驚く農民たちに、正三は言いました。

「百姓は、米や野菜を精魂込めて育てることが仏の修行なのだ。だから、鍬《くわ》や鋤《すき》を振り下ろすたびに、南無阿弥陀仏、南無阿弥陀仏と心から唱えながら、大地に、米に、水に語りかけなさい。そうすれば、美味しくて元気なお米が育ち、それを食べた人みんなが健康で幸せになる。百姓は毎日、天下万民を幸せにする偉大な仕事をしているのだ。だから、心配せずに農作業に全力を尽くしなさい。仏様は、そんなまじめな百姓を、きっと極楽浄土に連れていってくださるぞ」

江戸時代の古典『鈴木正三道人全集』（山喜房仏書林）には、この間の物語が描かれており、二十代前半にこの名著を読んだ私は心から感動しました。「仕事を単なる報酬を得るためだけの手段と考えず、仕事を通じて人間的完成を目指し、どんな仕事にも尊い価値を察して感謝する」というわが国初の明文化された仕事の定義が、そこにはっきりと書かれていたからです。

もう一人、日本的職業観の始祖として私が学生たちに紹介してきたのは、京都の町人で石門《せきもん》心学の創始者となった石田梅岩《ばいがん》です。梅岩は著書『都鄙《とひ》問答』の中で、利益を卑《いや》しむ武士や農民の質問に対し、商業と商人が流通を調整して、社会に必要な物資の調達と供給に偉大な役割を果たしていることを、誰にでも分かりやすい譬《たと》え話を駆使して明快に説いています。

同じ町人出身でも、井原西鶴の作品が「商人は卑しいがゆえに派手な享楽を楽しむ権利がある」という基調で、やや自虐的な開き直りから消極的に商人の姿を描写しているのに対し、梅岩は商業の社会的価値を論理的、積極的に認める形で、当時の社会階層で最下層に位置付けられていた商人の不可欠な役割を肯定しています。

そして、梅岩が「商業と商人は社会に不可欠な存在だ」と説明した根拠もまた、「社会の問題を解決しているから」という論理です。

現代人に巣食う共産主義的職業観

しかし、現代の大学生が鈴木正三や石田梅岩の本を読むことは、まずありません。それ以前に、江戸時代にそんな人がいたことさえ知りません。学生たちが人生で初めて仕事というものを考えるのは、大学三年時の就職活動の時です。その時、いくつかの大学の就職課では、次のような就職ガイダンスが行われることもあります。

「福利厚生を必ずチェックしなさい。有給休暇は何日あるか。離職率を忘れずに聞きなさい。最近の企業は良いことしか言わない傾向もある。会社負担の資格取得や留学制度の有無も聞きなさい。入社してから『話が違う』とならないように。就活は大変だが、終わればあとは卒業まで人生最後のバカンスが待っている」

先に内定した四年生の先輩たちからは、次のような体験談が吹き込まれます。

「営業の仕事が実際にどんな仕事なのかも質問しろよ。良さそうなことを言って、入社したらマジきつい、ってこともあるからな。内定辞退率も調べられるなら調べておけ。育児休暇や諸手当てはマスト。業界研究が遅れると志望動機が浅くなるから、とりあえず持ち球は多く持って、何社かは行きたくない会社でも、面接の練習だと思ってエントリーしてみることだ」

こうした話題が学内で増えてくる頃から、私のサークルの学生たちは周囲の雰囲気に違和感を抱き始めます。それは、周囲の学生たちが仕事だと思っていることと、サークルＦＵＮで学び、取材してきた仕事が、全く別のものとして話されているからです。

多くの学生は、「会社のカネでどこまでの施設、サービス、制度、権利が用意されているか？諸手当や有給休暇はどうか？」という前提に立って仕事を見ています。しかし、それは私のサークルで学んできた学生たちにとっては、「仕事というものを全く見ていない人」と映ります。

なぜなら、周囲の学生は「自分が投じる労力や時間にカネが支払われるかどうか」という、自己本位の偏った定義に立って仕事を見ているからです。

また、近頃の大学では、ジェンダー教育が盛んになってきたこともあって、学生の中には、一年生、二年生の頃からジェンダー教育を通じて社会観と職業観の萌芽を育てる若者もいます。

「家事労働にも対価が支払われるべきです。だって、女性は毎日、肉体的、精神的、時間的な拘束に耐えているのに、その苦労に対して給料が支払われないのはおかしい」

「女性はずっと、男性が支配する社会で苦しく、みじめな思いをしてきました。でも、今は違います。女性だって男性と同等に、いや、時には男性以上に人生を自分で楽しめる形で、社会参加をできるようになったからです」

「私は専業主婦になるよりも、社会で活躍したいから、一般職ではなく総合職を目指します。そして、女性の可能性を社会で表現して、女性の権利をさらに広げられるような、多くの人のお手本になる社会人になりたいです」

このような言説は、最新のジェンダー教育の内容を全く知らない私には、実に不可解なものに聞こえます。彼女たちは「仕事＝お金が支払われること」、「仕事＝給料と引き換えの肉体的、時間的拘束」という定義に従って自己の職業観を形成しています。だからこそ、「家事労働」という言葉を堂々と使い、それが労働であるなら「対価が支払われないのはおかしい」と主張します。

また、彼女たちは専業主婦を「社会に参加していない存在」だと言います。なぜなら、専業主婦はお金を稼いでいないからです。彼女たちにとって、社会とは「お金が支払われる場所」と同義語であり、「社会参加をする」とは、働きの対価としてお金が支払われる形態で生きることを意味します。

だからこそ、現代の学生たちは、会社や仕事そのものを見る前に、「自分がお金を出さなくても、会社の費用負担で自分のお金を払わずに済むことがどれだけあるか」、「社員なら享受できる金銭的権利がどれだけあるか」という条件面、つまり「仕事の付属品」を優先してしつこく調べ、質問し、確かめ、全体的に「お得だ」と思う要素が多い会社と仕事を志望します。

あなたが「高校の野球部のキャプテン」だとします。中学を卒業して野球部に見学に来た新入生が、口を開くやいなや、「この部活の退部者は年間何人ですか？　退部率は高いですか？　退部までの平均期間は何ヵ月ですか？　最も多い退部理由を教えてください。練習の時はボール、バットは持ち込みですか？　部活で支給してくれる野球用具は年間、どれをいくつまでですか？　試合や遠征の際は、バス代は部活持ちですよね？　土日に練習がある場合は、お昼の弁当は部活持ちですか？」と立て続けに質問してきたら、あなたはその新入生に野球部に入部してほしいと思いますか。

現代の学生は、会社や仕事というものを、この例における野球部のように疑い、恐怖、不安をもって捉えることもあります。そして、自分では「入部活動」を熱心にやっているつもりで、実は野球だけを器用に見ていない高校生のように、学生本人は「大学生活最後の苦行である就活」で会社や仕事をまじめに調べていると思い込んでいますが、実は会社も仕事も全く見ていないのです。

全ての基準はカネと損得で、カネで全てを判断するため、盲目になるのです。

このように、「働きの反対給付としてお金が支払われるかどうか」を基準に人間、仕事、企業、社会、国家を認識、分析、評価する思想を共産主義と呼ぶのはご存じでしょう。

そして、「支払われるべきお金が支払われていないこと」を以て不満を抱き、その原因に格差、階級、抑圧、搾取、支配という物騒な言葉で理由付けし、人間性の奥底に潜む嫉妬と憎悪に火を点けて、男性、上司、経営者、政治家、政府への恨みと怒りに転化し、「全ては社会が悪い」と超ビッグワードで結論付けるのが、社会主義、共産主義の革命運動の初期段階です。

世の多くの人は資本主義を「拝金主義」と言って嫌い、批判しますが、実は全てをカネで評価し、判断する共産主義こそ拝金主義である事実は、あまり指摘されないことです。そして、学生時代に共産主義的職業観の基本を教わったら、「人の働きの価値が見えない社会人」、「カネと関係あること以外は努力しない社会人」という、コスパ病感染者の稚魚とも言うべき社会人のデビューです。

日本の伝統的職業観においては、世帯主だけでなく、妻も子も、祖父母も赤ちゃんも、みんなが世の中の一員です。お父さんが安心して仕事に打ち込めるのは、お母さんが家を守ってくれるから。お母さんが家事や育児に専念できるのは、お父さんが毎日頑張って働いてくれるから。夫婦が仲良く協力していけるのは、祖父母が教え、見守ってくれるから。そして、家族全員が幸せでいられるのは、赤ちゃんがいるから。

そこに「誰が一番偉い」、「誰が一番得している」、「誰が一番損している」、「誰が一番無駄な働きをさせられている」といった損得が基準の見方も不満もなく、家族や社会の成員は「お互い様」と言ってお互いに相手の働きに感謝し、お互いに譲り合い、助け合いながら社会を作ってきました。

このように、伝統的な意味での社会とは現代の経済社会よりも大きく、広く、深く、温かいもので、全員が価値ある働きを行って誰かの役に立ち、人々に表現と承認の機会を与えてくれました。

ところが、共産主義はカネが全て。自分の価値は、カネによる評価でしか感じられません。社会と人間関係は支配と被支配、搾取と被搾取、抑圧と被抑圧という単純で乱暴な区分方法によって分断され、モノが見やすく分かりやすくなったように見えて、実は人間、仕事、社会に対して盲目になり、人々の感情も刺激されやすくなります。

共産主義思想はコスパ病の萌芽

このように、万事をお金、損得、利害で判断するのは便利な思考方法です。しかし、それは本質的には「思考をさせない判断基準」です。実社会に出て全てをお金で判断すれば、土日に書店で仕事関連の本を立ち読みすることまで拘束、抑圧だと見えてきます。しかし、私のサークルの卒業生は、「仕事が楽しすぎて、土日も勉強しまくりたい」と思って自己のスキルを高め、「来週はお客さんをどう喜ばせようか」とワクワクしています。オンやオフといった人為的、物理的、制度的な区分も大切ですが、もっと大切なのは、今の人生に責任を持ち、深い部分で自発的に楽しめているかどうかで、そういう人は心が疲れることがありません。

しかし、そんな人は、共産主義的職業観を持つ社会人から見れば、変人か、「運よく理想的な会社に入れた人」か、「運よく相性の良い仕事に出会えた人」としか映りません。

「相手の問題解決」という正しい職業観を持っていれば、全ての仕事は自動的に楽しさが見えてくるのですが、「仕事＝お金をもらう行為」、「仕事＝給料と引き換えの肉体的、時間的拘束」と誤解している人にとっては、「仕事とは、偶然によって楽しいか楽しくないか、好きか嫌いかが決まる理不尽なもの」としか思えません。

だから、彼の仕事は常に他人との比較による損得の評価と、フラストレーションと一体です。「自分は頑張っているのに、誰も自分の努力を分かってくれない」と不満を抱きます。自分より頑張っていない人間が、自分より高い給料をもらっていることが許せません。自分より給料が低い同僚や他社の同期を見ると、なぜか気持ちが落ち着いて嬉しくなります。そして、高給取りの人が高給をもらっている理由を自分なりに分析して、「あの上司に気に入られているからだ」と結論したら、プライドを押し殺して上司に媚《こ》び、上司を褒《ほ》め、上司に気に入られるためなら自説も捨てます。

お金で評価されないことが悔しい。お金で評価されるためなら、自尊心や社会貢献など後回しでいい。給料は投下時間の長さ、精神的苦痛の大きさ、人間関係のストレスの煩わしさに比例して決められなければならない……。

このようなフラストレーションを毎日何度か味わうようになったら、コスパ病への本格的感染の準備が完了したといえます。なぜならコスパ商品は、少ない支出でたちどころに分かりやすい効用を発揮してくれ、自分を「賢い購入判断をした人間だ」と認めて喜ばせてくれ、自分が必要だと思う用途だけに従って、絞り込まれた機能を果たしてくれるからです。

「日頃の自分の時間的投資は、馬鹿な上司や客のせいで失敗、無駄ばかりだ」、「あの失敗はおれのせいじゃないのに、おれに責任があるように言われて我慢ならない」、「私が投じた努力に対してあの言い方はないだろう」。このようなフラストレーションが慢性化し、損得に対して知覚過敏になっている人にとっては、コスパ商品はペットのような気軽さと従順さで自分の自尊心を満たしてくれる生活の相棒です。

自分が日頃の仕事で「自分の働きの価値を認めてほしい」というエゴばかりに執着して、「他人の働きの価値を自分から認めよう」、「見えない働きを探して感謝し、学ぼう」とは考えていないのですから、当然、身のまわりの生活用品に対しても、モノの裏にある背景、歴史、思いに配慮が及ぶことはありません。

「仕事＝相手の問題解決」という正しい職業観を持っていれば、モノが自分をどのように幸せにしてくれ、自分の問題を解決してくれるかにワクワクし、感性豊かで感動と感謝に満ちた楽しい日常生活を送れます。しかし、「仕事＝自分の問題解決」という根本的に誤った職業観に立って人生を送れば、仕事は支払いと生活のためだけの手段に堕し、彼にはモノに込められた命や思いは見えなくなり、そんなものは「余計なコスト」で、邪魔で無駄なものに過ぎなくなるのです。

コスパ商品の愛用者、信奉者には、全員ではありませんが、虚無的で冷笑的で閉鎖的な人生観を持った人が意外に多いものです。そうした商品を重宝するようになるまで、幾多の無力感、徒労感、失望を味わってきたことが、物事を冷たく割り切りたがる発言や行動から分かります。

コスパ商品の信奉者の多くは人間関係に疲れ果てているため、人に積極的に働きかけようとしない代わりに、自分に対しても他人が働きかけてくることを警戒します。そして、もちろん、モノを通じて作り手や売り手と対話することさえ、煩わしい心労だと見なして忌避します。

心が生きている人には、モノを通じて見えない作り手や先人との対話を楽しむことは買い物の至上の喜びの一つですが、心が生きていない人には、そんな事柄は面倒くさい「時間とカネの無駄」です。そして、「面倒くさい」を限りなく排除してくれる商品こそ、コスパ商品なのです。

現代のビジネス分野における一部の自己啓発やコーチングのトレンドを見て、それを鈴木正三、石田梅岩と比べると、ある顕著な違いに気付きます。現代は「最速最短で稼ぐ方法」、「有料級の情報を無料提供」、「結果が出なかったら全額返金」と、徹底的に「自分」の成功、栄達、安心を訴えます。自分が得し、自分が成功し、自分が稼ぐための仕事です。こういう人は就職でも転職でも、仕事を見る時は「自分にとってどれだけ得しそうか」、「自分にとって条件はどうか」、「自分にどう関係あるか」で、いつも基準は自分。これを仮に「小乗職業観」としましょう。

一方、正三と梅岩の職業観には相手や社会の存在があり、仕事というものを「衆生《しゅじょう》を助ける営み」と位置付けます。働くとは、世の中に働きかけ、相手を助けて人々の役に立つ行為で、満足や達成感は「貢献のお釣り」だと見なす考え方です。これを仮に「大乗職業観」としてみましょう。

小乗と大乗とは、言うまでもなく仏教における区分で、大雑把ですが小乗仏教とは「自己の救済」を求める仏教です。辛い修行も難解な仏典の学習も、全ては自分の魂が救われて極楽浄土に行くため。それに対して、大乗仏教は「みんなの救済」を求める仏教で、その理想は目の前の人や世の中の救済です。小乗と大乗、どちらにも良さと特徴があり、優劣で比較するものではありません。

仕事や勉強には、徹底的に自分の成長だけに打ち込むべき時期があり、そんな時は他人のことなど忘れて一心不乱に集中しなければなりません。その結果、能力や精神的な成熟度に差が生まれるのは当然のことで、その意味でいえば、自己を高め、助ける小乗仏教的な努力はいつでも重要です。

私は小乗仏教の国と取引をした経験が多く、タイに仏教専門の旅行代理店を経営している友人がいるので、よく東南アジアの上座部仏教と日本の禅仏教について語り合い、日タイのお寺を一緒に回って語り合ったので、小乗と大乗の違いは、あらゆる分野に当てはまると感じました。

わが国で昔から尊敬を集めてきた聖徳太子、行基《ぎょうき》、最澄、空海、親鸞《しんらん》、法然、栄西、道元といった僧侶は、みな小乗を極めて大乗の悟りを開き、衆生とともに現実生活に足を着けて生き抜いた名僧、名指導者たちです。鈴木正三も、この日本的な流れにいる僧侶だと私は考えています。

彼らは人の心に自然に根付いている自生的秩序を尊重し、一人でも多くの衆生が仏の導きによって極楽浄土に行けるように力を尽くしました。特に、わが国に初めて日本的な思想を打ち立てた聖徳太子の偉業は本当に素晴らしく、私は聖徳太子がいなかったら日本はなかったと思っています。正三の教えもまた、「仕事という日常の修行を通じて仏になりなさい」というものでした。

このような、わが国の豊かで優しく、温かい伝統的な職業観に立って、自分は相手のために、世のためにいかに役立つかと考えると、全ての仕事は自ずと楽しくなり、自分を高めていくことに自然な意欲が湧いてくるものです。

こう考えてみれば、自社利益の最大化のみを目指して、徹底的に合理化を追求する自損型輸入は、「小乗貿易」と言うこともできるのではないでしょうか。働き方、稼ぎ方、お金の使い方には人や会社の性格、考え方がよく表れるもので、私には日本的職業観を喪失し、日本人であることを忘れた業者の働き方が、小乗仏教の二流品のように見えて仕方ありません。

むき出しの独善的なエゴを肯定し、宣伝し、煽動する昨今のビジネス分野のトレンドと、共産主義由来の相手不在、損得最優先の拝金主義がブレンドされ、日本的な几帳面さがその受け皿になると、費用対効果を至上価値と見なす職業観や経営手法が蔓延するのもやむを得ないことです。

二十年間、千回以上にわたって学生たちと週末のゼミを続け、七百人以上の就活生と接し、二百人以上の卒業生の旅立ちを見届けてきた私は、この二十年の日本社会の変化と経済情勢の推移を主に貿易の分野から眺めてきた今、コスパ病は国家観、人間観、歴史観、職業観を失った現代日本に発生すべくして発生した、日本特有の経済現象であり、消費心理だと思わずにはいられません。

これは、国際取引や貿易実務、郷土史の知識を駆使して自損型輸入を看破した貿易マンとしての私ではなく、若者たちが社会人になってゆく四年間で見せる姿に二十年間、毎週立ち会ってきた、一人の市井の教育者としての私が見つけた、小さな日本文化論です。

この三十年間、私たち日本人は、本当の意味で働いてきたのでしょうか。今、先人たちのような豊かな心持ちで、他者への優しく温かい思いを胸に働いているのでしょうか。これからこのような心掛けで働いたら、何が起こりそうでしょうか。目を閉じて想像してみたいものです。

今こそ日本経済の大政奉還を

共産主義が「お金の支払いの有無」だけで人間と社会を割り切り、コスパ病が「価格と物理的機能性と損得」だけで価値を評価し、自損型輸入が「人件費の低さと値下げによる利益」だけで全ての経営資源を配分するように、「失われた三十年」と口にする時も、経済的な成功度と金銭的な得失だけを基準にしています。経済的な尺度だけで経済を運営し、経済に参加すると、経済すら破壊してしまうという苦い教訓は、この三十年で得た一番大きな収穫の一つです。

その結果私たちは、戦後日本に影響を与えてきた中ソ由来の共産主義思想、アメリカ由来の利益最優先の超合理主義を拝借した借り物の思想と、ようやく決別する時を迎えました。

「八方塞《ふさ》がりになっても、上だけは空いている」とよく言われるように、私たちはやっと、国民的にも、精神的にもレベルアップする時期を迎えたのです。

私たちは今、これまで流行し、馴染んできた価値尺度では測れない、真に価値ある日本の歴史、文化、伝統的職業観に回帰し始め、社会、経済、国家というものをより豊かな共同体、有機体だと再認識し、今まで自分とは関係ないと思っていた地域、業界、文物、時代、先人といった諸要素に温かい同胞意識を取り戻す必要があります。

実は、わが国の歴史の中に、こうした実感と似た感情を抱かせてくれる出来事があります。とても大切で、みんなが知っているのに、なぜかそれまで注目されることがなく、時が来るまで人々がその意義を深く考えることをしなかったもの。そして、それを思い出した瞬間に国家の難事が解決され、国民の一体感が生まれて、日本の未来を切り拓いた決定的な出来事。

それは、大政奉還です。

大政奉還とは、徳川幕府が政権を天皇に返上したという、日本人なら誰もが知っている史実です。私が大政奉還に至るまでの歴史を学んで感じるのは、「当時の日本人は、突然遭遇した国難に焦るあまり、日本という国そのものを見失っていたのかな」という共感です。

当時は、藩や社会的階層の違いによって議論百出、ところが悠長に国策を議論しあう時間的余裕もなければ、合議を行う制度も経験もなく、さりとて徳川幕府にこのまま国運を任せるのは不安になってきました。

薩長が勢いづけば他藩は許せず、さりとて他藩には軍事力も政治力も足りない。列強にはしばらく静かにしておいてほしいが、それをお願いできる軍事力も経済力も日本にはない。血気にはやる若者たちが過激な行動を見せたかと思えば、現実が見えているとは思えない古い主張を行う老人もおり、外国を打ち払えと主張する藩主がいるかと思えば、外国と交流を始めた藩主もいる。

幕末はこのように、政治的、社会的、思想的にも非常に混乱した時代でした。

国の行く末を案じる気持ちはみな同じ。何をやればいいかも、なんとなく分かっている。ところが「誰が、どのように」という部分がまとまらず、数年間、議論や争乱に明け暮れました。

この間、もちろん空虚な議論に時間を浪費したと言える時期もありますが、長期の圧迫感や不安心理は、深い部分で国民が危機感を共有するという副産物ももたらしてくれるものです。そして、長い間忘れていた大切なものの存在に、当時の人たちは気付き始めます。それが皇室でした。

慶応三年、徳川慶喜が明治天皇に「政権の返上を奏上する」という、とても日本的な手続きが行われ、それによって国論の分裂が収束し、民心が一致団結し、明治の日本が動き始めたのは誰もが知る通りです。皇室はその時突然作られた存在ではなく、皇室が武力で幕府から政権を奪ったのではなく、皇室は他国の臨時政府のように一時しのぎの国家元首に祭り上げられたわけでもなく、皇室はただ、「思い出された」のです。

世界各国で様々な政体を知り、世界中の友人と歴史を語り合ってきた私は、こうした歴史に日本人として誇りを感じ、懐かしいような気持ちさえ覚えるのに、いっぽうで自分の国の不思議さも感じて、自分はまだ日本の歴史を全然分かっていないのではないか、と感じることもあります。

ただ思うのは、当時の緊迫した情勢下で、国民は天皇のご存在が本当にありがたかっただろうな、ということと、国民が一つになれる統合の中心がある日本は、本当に幸せな国だということです。

他国は血を流して築き、争奪し、死守しなければならないこともある政権というものが、わが国では「思い出す」という行為だけで整えられ、それを軸に民心が一致団結し、国民に対する強制も抑圧もなく国が開かれたからです。

私は与野党の対立が激しいスリランカ、ミャンマー、セルビア、エジプトと取引を行ったことがあり、政府自体が革命で誕生したイランにも取引先がいます。ソ連から独立したポーランド、チェコにも友人がいます。これらの国々には国民、国家統合の中心がなく、あっても後付けか人工的、部分的で、思い出す過去は過去の記憶に過ぎず、現代への連続性ははるか昔に失われています。そして、国家の時空間を一つにまとめる統合の中心は、民主主義や選挙では作ることができません。世界の様々な国を知れば知るほど、私たちの国、日本は実に稀有な国です。

こうしたわが国独自の歴史を眺め、終戦時の昭和天皇によるご聖断の意義も考えてみると、日本の危機は、国民が大切なことを忘れた時に発生し、それを思い出した時に克服されてきたように私には思えます。

前作のサブタイトルに、私は「貿易の現場から見えてきた『無視されてきた事実』」と付けました。そして、本書は「日本を再び豊かにするための、『忘れられていた方法』」をテーマに書きました。

それは、幕末の日本人が長らく国家統合の中心の存在を忘れていたように、現代の日本経済においても、「経済活動の根幹が忘れられている」と感じたからです。あるべきものが、あるべきところにないという、なんだか大きなものがずれ、抜け落ちているような違和感を抱いてきたからです。

幕末の日本人があらゆる議論を尽くした結果、最後はシンプルな落としどころで一致団結したように、現代日本でも周囲や世論が「何をすれば日本経済は復活するのか」と激論に明け暮れるなか、私は歴史を見つめ、逆張りの発想で、「目下の国家的課題である経済再建がこれほど長い間、うまくいかないのは、政府や企業がやっていることが悪いという前に、私たち日本人が何か大切なことを忘れ、やらなくなったからではないのか」と考えてみました。

その「忘れられていた大切なこと」こそ、地産地消でした。

「国民が稼いだお金を国民の働きの成果に対して消費するという、国家経済の根幹を成す最重要活動が、この三十年間、ずっとまともに行われていない！　なんてこった！」と、私は心底、驚きました。これは私の勝手な想像ですが、幕末の日本人もおそらく、「日本国には、天子様がおられることを忘れていた！　なんてこった！」と驚いたと思います。

「最初からそれを考えておけば、万事もっとスムーズに運んだはずなのに、それを忘れていたばかりに、余計な遠回りをしてしまい、無駄な損失を被ってしまった……」と後悔するのは後知恵というもので、やはり国家、国民というものは、少しは混乱に揺さぶられて鍛えられ、ちょっとだけ痛い思いをしないと成長しないものなのだと思います。そして、一定期間の混乱や苦難を味わってこそ、のちに手に入れる安定や繁栄の基盤に対して、感謝の念が湧いてくるものです。

そう考えてみると、「超」が付くほど素朴で、何の目新しさもないものの、全力で行えばわが国を物心両面で再び、確実かつ急速に豊かにしてくれる地産地消という「初歩的な経済活動」を忘れてしまい、まじめにやっていなかったとは、逆説的ではありますが、私たちはなんと愚かで、なんと幸運なのでしょうか。

私たちも、幕末の先人たちに習って、あるべきものを、あるべきところに置き直してみてはどうでしょうか。私たち国民の力を、外国から日本に「返上」してみてはどうでしょうか。

私たちは、私たち日本人が稼いだお金を、海の向こうの見ず知らずの外国人労働者ではなく、同胞である日本人がまじめに働いて作ったものに対して消費するという、「お金の大政奉還」を行う必要があります。

幕末と明治の先人たちが、後世の私たちを思って正しい決断を下し、日本の未来を拓いたように、現代の私たちも正しい判断を下して、日本の未来を拓かなければなりません。

地産地消は、文明開化や戦後復興のように日本人が初めて挑戦することではなく、昔から当たり前の営みとして先人たちがやってきたことです。だから、それは、「思い出すだけ」で手に入れることができるのです。

目の前の相手の問題を優しく察知し、笑顔を報酬と受け止め、働きの中に自己成長の喜びを見出し、創意工夫に挑戦し、社会貢献のお釣りとしての利益を称え、没我の境地の中に悟りを開き、過去も地方も先人も、祖父母も旦那さんも奥さんも赤ちゃんも、まとめて未来に連れていき、強く優しく豊かな社会と経済を取り戻す「日本人として本物の仕事と買い物」に、今こそ大いに励んでいこうではありませんか。

政治家に学者に経営者、自営業者に職人にサラリーマンに公務員、主婦に学生、たとえ違う立場や肩書きを持っているとしても、皆が「日本の消費者」であることは共通しています。この事実をもって考えれば、私が説いている消費者主導の地産地消が「できない人」などいないのです。

地方も都市も関係なく、「自分の居場所でできること」です。ただ問いがあるとすれば、各々が「やるか、やらないか」ということでしょう。ただし、地産地消を行わずに、現状のまま自損型輸入品を支持するコスパ病的な経済活動を続けていけば、その先に待つわが国の未来は、すでに本書で述べた通りで、私たちは今も、その道筋を歩んでいます。

しかし、私たちが日本人としての仕事に目覚め、身近な人の働きの成果を適切に評価し、お金を通じて心が通い合うふるさととの経済を取り戻し、それが温かい同胞意識を通じて全国各地に広がっていけば、私たちの国日本はこれからきっと、明治や昭和の日本よりもすごい、本物の経済大国になれると私は確信しています。

今こそ、私たち大人が若者と子供たちに示していこうではありませんか。

日本一、大きな成長の可能性を持つ潜在市場は、地産地消なのだと。世界一、成長の可能性がある国は、日本なのだと。世界一、幸せな未来を楽しめるのは、日本の若者なのだと。

あとがき

書道が大好きな学生が、サークルFUNで前作を題材にした私の講義を聞き、学生同士でグループワークをしていた時、ふと、「こうやって学ぶと、自損型輸入のプチプラ商品って、贈り物にできないよね」と言いました。私はハッとして数秒立ち止まり、「確かに」と納得しました。

家族、友人、恋人、恩師などの大切な人に贈り物をする時は、その人が喜んでくれそうなものを選びます。贈り物は自分が日常的に使うものより、やや値が張ることもありますが、贈り物を買う時は、贈る相手の性格、ともに過ごしてきた時間、好きそうなもの、受け取った時の反応を想像するので、選ぶのも、迷うのも、買うのも、渡すのも、どの時間も楽しいものです。

それは、モノを通じて相手の存在意義を表現し、日頃の感謝と出会えた喜びを伝え、大切な瞬間をモノで思い出として刻み、相手が自分にとって特別な存在であることを伝える行為だからです。

学生のこの一言は、地産品と国産品がその豊かな社会的機能性を発揮して、選ぶ人、買う人、売る人、もらう人の心を循環的に潤していくことで、社会に喜びと感謝の連鎖を生み出す力を持っている事実を、改めて私に教えてくれました。

学生が教えてくれた通り、私たちは、そうした社会的機能性を排除し、物理的機能性によってのみ成立している自損型輸入商品を大切な人へのプレゼントにすることはできません。

では、私たちは、同じように大切な人である「自分」に対してモノを買う時は、どんなことを考えているでしょうか。どんなことを考えるべきでしょうか。どんなことを考えてこなかったでしょうか。

貿易と地方経済に話題を限定した前作と異なり、本書は歴史、文化、思想、教育の記述を大幅に増やしました。私はかねてから、この問題をわが国が現代史の必然的な帰結として迎えた文化面での問題だと考えてきたからです。

世界各国を貿易の仕事で飛び回り、学生時代から外国語と歴史の学びを続けてきた私は、経済活動における秩序について長年、思索をめぐらせてきました。それは、西洋の「人為的秩序」と東洋の「自生的秩序」の体験的な比較からわが国独自の経済秩序を見つけ出し、日本経済再建の手がかりを見つけたいと願ってきたからです。

そして、近現代の日本の経済活動を、人為的な活動と自生的な活動とに分けて見つめてみた結果、不景気や悲しみをもたらす経済動向は、統制経済、計画経済、護送船団方式、総量規制、インフレ誘導のような人為的な経済活動に起因し、好景気や喜びをもたらす経済動向は、自生的な経済活動に起因するような気がしてきました。

前作が人為的な経済活動がもたらした問題に対する警告を発した本なら、本書は自生的な経済活動の復活と奨励を提唱した本です。つまり、「経済活動において、発見され、回復されるべき営み」を題材にした本です。

そして、発見するという行動が、「今は見えていないから行う行動」であることを考えると、私たち日本人にとって大切なのは、「忘れられていた何かを思い出すこと」だと思い、今回は「忘れられていたこと」に題材を絞って、日本人として思い出すべきことを考え、わが国の経済再建につなげるための問題提起と解決策の提言を行おうと思い立ちました。

私たちの経済活動は、法という漢字の如く、大河の水が溢れては引くように、お金という水が様々な業界や産地という川を流れては、企業、社員、家族、自治体を潤し、また去っては流れてくるという果てしない循環の営みです。そして、国家経済という大河は、多少の護岸工事や橋の修理といった、流域周辺の人為的な対処は必要でも、水が流れるという現象そのものを人為的に止めたり、変えたりしてはいけません。

しかし、私たちは経済大国という呼称にうぬぼれた結果、人為的な経営と消費でもっと得をし、楽をしようと思い上がり、怠けた結果、十分な水が流れてこない川を日本各地に作ってしまい、三十年にわたってお金の渇水状態に苦しみ、今では水の奪い合いを起こす寸前です。

これからも長く続いていく祖国日本の未来を思えば、この三十年間で、私たちは貴重な教訓を後世に残すことができ、また、後世のために新たな経済の河川工事を行うという、名誉ある役割を担うこともできました。

その、日本を再び豊かにするための忘れられていた方法こそ、「消費者主導の地産地消」です。それは、わが国のあらゆる産地、業界を巻き込んで壮大に楽しく行う、年中無休のお祭りのような「心を込めた買い物・贈り物合戦」です。

コロナ禍で約三年の巣ごもりを経験した私たちは、久しぶりに「団体旅行に行く」、「テーマパークで行列に並ぶ」、「観光地で人並みにもまれる」という当たり前の行動に、新鮮で懐かしい安心と喜びを感じています。

ならば、コロナ禍の十倍の三十年に及ぶデフレ経済というお金のパンデミックの出口に到着した私たちは、「日本人が作ったモノを、日本人が買って楽しみ、伝え、広げていく」という、長い間忘れていた安心と喜びも、存分に感じ、忘れずに大切に続けていきたいものです。

全国各地、各業界の方々の励ましと期待を受けて書き上げた本書が、読者の方々の大切なふるさとが再び豊かな未来を取り戻すための一つのきっかけとなれば、これ以上の喜びはありません。

【著者略歴】

小島尚貴（こじま・なおたか）

1975年福岡県出身。1995年西南学院大学経済学部中退。マレーシアの貿易会社、経済誌記者を経て2001年に独立。セルビアの貿易会社、マレーシアの中堅ゼネコン、佐賀の建設会社、香港の投資ファンドの役員を歴任。2011年から輸出・国際技術移転事業を手掛け、2014年にJ-Tech Transfer and Trading（輸出・国際技術移転）を設立。

・福岡市、八代市、熊本市、熊本県、島根県、JETRO熊本、熊本商工会議所、JETRO島根にて貿易アドバイザー、輸出セミナー講師、展示会アドバイザーを歴任。
・経済産業省「JAPANブランド育成支援事業」にてタイ、ドバイ、バーレーン、インドネシア向け輸出プロジェクトを担当。
・季刊『九州マーケティングアイズ』（日本マーケティング協会九州支部発刊）執筆陣。
・公益社団法人国民文化研究会会員。
・国産藺草（いぐさ）農家を守る会・顧問。
・ランニングサプリ「ブルートランナーズQ」専属ランナー
・著書『コスパ病～貿易の現場から見えてきた「無視されてきた事実」～』（アマゾン2021）、『日本の未来は畳が拓く』（アマゾン 2023）
・著者宛てに本書の感想をお寄せください。 jtech.tt@gmail.com

脱コスパ病 ～さらば、自損型輸入～

発行日　2023年９月30日　初版第１刷発行

著　者　小島尚貴
発行者　小池英彦
発行所　株式会社　育鵬社
〒105-0023　東京都港区芝浦1-1-1　浜松町ビルディング
電話03-6368-8899（編集）　http://www.ikuhosha.co.jp/
株式会社　扶桑社
〒105-8070　東京都港区芝浦1-1-1　浜松町ビルディング
電話03-6368-8891（郵便室）
発　売　株式会社　扶桑社
〒105-8070　東京都港区芝浦1-1-1　浜松町ビルディング
（電話番号は同上）
本文組版　株式会社　明昌堂
印刷・製本　タイヘイ株式会社印刷事業部

ISBN 978-4-594-09564-2